Published by Art on food + Ice AG.
Copyright (c) 1992 : Francois Tatte & Lionel Raiffort
ISBN 3-9522048-6-2
Depot legal : Mai 1992
Layout and design by Nut Nudsuporn
Photography by Tony Hanscomb, First Frame Productions
Printed in Thailand

Anlässlich der Weindegustation vom 2.3.10 im Keller in Festo mit den besten Wünschen übergeben

Franz Knechtle

Asia-Euro plate Teller-Desserts piatti

Lionel Raiffort • François Tatté

C'est un plaisir pour moi que d'avoir à préfacer ce superbe ouvrange, réalisé par deux jeunes pâtissiers français à l'autre bout du monde.

La recherche et l'habileté professionnelle, dont ont fait preuve ces deux Compagnons du Devoir du Tour de France, témoignent d'un perfectionnement de haut niveau.

Outre l'originalité des recettes, la finesse des présentations, ce livre a surtout le mérite de faire renaîtrel'art oublié des prestigieux desserts à l'assiette. Magnifiquement illustré et de consulation aisée, l'ouvrage retiendra indubtablement l'attention de tout professionnel débutant ou expérimenté, soucieux d'enrichir ses connaissances afin de mieux satisfaire la clientèle.

Je souhaite très sincèrement que cette publication bilingue remporte le succès que ses auteurs sont en droit d'espérer.

Jean Millet
Président de la Confédération Nationale
de la Pâtisserie Confiserie Glacerie
de France
M.O.F.

It gives me great pleasure to preface this book by two young pastry chefs working far from their homeland. The high level of research and professionalism, demonstrated by the two authors-both Compagnons du Devoir du Tour de France, is a testimony to their dedication in achieving the higest standarts.

The great merit of this book is that together with excellent presentation and original recipes, it provokes new interest in the neglected art of the plate dessert.
Superply illustrated for easy references, the book will hold the attention of both the amateur and professional keen to increase their khowledge.

I sincerely hope that this triple languge publication achieves the success that the authors hope for.

C'est un plaisir pour moi que d'avoir à préfacer ce superbe ouvrange, réalisé par deux jeunes pâtissiers français à l'autre bout du monde.

La recherche et l'habileté professionnelle, dont ont fait preuve ces deux Compagnons du Devoir du Tour de France, témoignent d'un perfectionnement de haut niveau.

Outre l'originalité des recettes, la finesse des présentations, ce livre a surtout le mérite de faire renaîtrel'art oublié des prestigieux desserts à l'assiette. Magnifiquement illustré et de consulation aisée, l'ouvrage retiendra indubtablement l'attention de tout professionnel débutant ou expérimenté, soucieux d'enrichir ses connaissances afin de mieux satisfaire la clientèle.

Je souhaite très sincèrement que cette publication bilingue remporte le succès que ses auteurs sont en droit d'espérer.

Jean Millet
Président de la Confédération Nationale
de la Pâtisserie Confiserie Glacerie
de France
M.O.F.

Mit grossem Vergnügen führe ich Sie in dieses grossartige Werk zweier junger Chef Patissiers ein, die fern ihrer Heimat arbeiten. Fundierte Ermittlungen und Professionalität zeichnen diese beiden Autoren aus - beide Compagnons du Devoir du Tour de France - und legen Zeugnis ab von ihren Fähigkeiten auf hohem Niveau.

Dieses Buch besticht nicht nur durch hervorragende Präsentation und Originalrezepte, es weckt neues Interesse an der vergessenen Kunst von Teller-Desserts. Mit seinen wunderschönen Bildern und Zusatzinformationen wird das Buch sowohl experimentierfreudige Amateure als auch Professionelle begeistern, die ihre Kenntnisse erweitern wollen.

Ich bin zuversichtlich, dass dieser Publikation der Erfolg beschieden ist, den sich die Autoren zu Recht erhoffen.

C'est un plaisir pour moi que d'avoir à préfacer ce superbe ouvrange, réalisé par deux jeunes pâtissiers français à l'autre bout du monde.

La recherche et l'habileté professionnelle, dont ont fait preuve ces deux Compagnons du Devoir du Tour de France, témoignent d'un perfectionnement de haut niveau.

Outre l'originalité des recettes, la finesse des présentations, ce livre a surtout le mérite de faire renaîtrel'art oublié des prestigieux desserts à l'assiette. Magnifiquement illustré et de consulation aisée, l'ouvrage retiendra indubtablement l'attention de tout professionnel débutant ou expérimenté, soucieux d'enrichir ses connaissances afin de mieux satisfaire la clientèle.

Je souhaite très sincèrement que cette publication bilingue remporte le succès que ses auteurs sont en droit d'espérer.

Jean Millet

Président de la Confédération Nationale
de la Pâtisserie Confiserie Glacerie
de France
M.O.F.

E' per me un grande piacere fare la prefazione di questo libro per due giovani Chef pasticceri che lavorano lontani dalla loro terra d'origine. L'alto livello di ricerca e la professionalità dimostrata dai due autori – entrambi Compagnons du Devoir du Tour de France-, è una testimonianza della loro dedizione nel raggiungimento dei livelli più alti.

Il grande merito di questo libro è quello di avere insieme una eccellente presentazione e ricette originali, questo provoca un rinato interesse nell'arte trascurata del dessert al piatto. Suberbamente illustrato con indicazioni semplici, il libro catturerà' l'attenzione sia del Professionista debuttante che di quello con provata esperienza, interessato ad incrementare la propria conoscenza al fine di sodddisfare al meglio la propria clientela.

Auguro agli autori che questa pubblicazione trilingue, ottenga il successo che merita.

Contents • Inhaltsverzeichnis • Contenuti

INTRODUCTION 8
VORWORT 9
INTRODUZIONE 10

ABOUT THE AUTHORS
ÜBER DIE AUTOREN
GLI AUTORI 12

PLATE DESSERTS, PETITS-FOURS DISPLAY,
FRUIT AND ICE CARVING

TELLER-DESSERTS,
PRÄSENTATION VON PETITS-FOURS,
OBST- UND EIS-SKULPTUREN

DOLCI AL PIATTO,
PRESENTAZIONE DEI PETITS-FOURS DISPLAY,
LA FRUTTA E LE SCULTURE DI GHIACCIO 15

TROPICAL FRUITS
TROPISCHE FRÜCHTE
FRUTTI TROPICALI 169

BREAD FOR THE TABLE
BROT ALS BEILAGE
PANE DA TAVOLA 187

APPENDIX : BASIC RECIPES 200
ANHANG : GRUNDREZEPTE 210
APPENDICE : RICETTE BASE 221

INDEX : ENGLISH 232
INDEX : GERMAN 233
INDICE : ITALIANO 234

Introduction

We have always been conscious of the need to combine artistry, visual appeal, finesse, and in deed, flavour in the end results of our professional efforts. Dedication to these principles in the creation of the "Dessert à l'Assiette" will encourage its greater appreciation.

So far, our speciality has achieved only limited success in culinary competitions. Its ultimate wider recognition and value of its contribution to our profession as a whole, continue to inspire our work.

In producing this book we have given free rein to our creative expression but with minimal text, supported by the highest standards of full colour photography demanded by the subject. Each dessert described in the following pages has been judged and costed in various proportions for between 10 and 200 guests.

Our travels opend new horizons, providing us with fresh insights and a clearer perception of the great diversity and essentially international nature of cuisine in general, and the Dessert à l' Assiette, in particular. Topics such as Tropical Fruits, Fruit and Ice Carving and Petits Fours Display have all been Inspired by our jouneys of culinary discovery.

The full creative potential of pastry chefs in world cuisine has yet to be realized. This book is dedicated to providing encouragement and perhaps inspiration to their efforts.

To those who are thus encouraged to explore its epicurean ideas and travel its culinary countries, we wish "Bon Voyage" and all power to their spatulas.

THE AUTHORS

François Tatté						Lionnel Raiffot

Vorwort

Wir sind seit jeher überzeugt, dass eine Verbindung von künstlerischer Gestaltung, ansprechender Präsentation, Finesse und auch Aroma wesentlich zum guten Resultat unserer Arbeit beitragen. Mit diesen Grundsätzen hoffen wir dem Teller-Dessert wieder zu mehr Attraktivität zu verhelfen.

Bei der Gestaltung dieses Buches haben wir unserem kreativen Ausdruck freien Lauf gelassen, den Text jedoch auf das Nötigste beschränkt, da die hochkarätigen Farbbilder sehr aussagekräftig sind. Jedes der auf den folgenden Seiten beschriebenen Desserts wurde in verschiedenen Mengen für zwischen 10 und 200 Gäste getestet und berechnet.

Unsere Reisen haben uns neue Horizonte eröffnet, uns Einblick verschafft in die grosse Diversifikation der internationalen Küche im Allgemeinen und den Teller-Desserts im Speziellen. Themen wie Tropische Früchte, Frucht- und Eisskulpturen und die Präsentation von Petits-Fours sind durch kulinarische Entdeckungsreisen inspiriert worden.

Wir sind überzeugt, dass das Potential, das Chef Patissiers in die universelle Küche einbringen können, längst nicht ausgeschöpft ist. Dieses Buch soll dazu beitragen, solche Bestrebungen zu ermutigen und zu inspirieren.

Es ist unser Anliegen, dass dieses Buch, das für jedermann bestimmt ist, unsere professionellen Anliegen weiter trägt und viele ermutigt, neuartige Ideen und kulinarische Gebiete zu erkunden und sich bereichern zu lassen. Wir wünschen "Bon Voyage" und viel Erfolg mit dem Spachtel.

DIE AUTOREN

François Tatté   Lionnel Raiffot

Introduzione

Siamo stati sempre coscienti del bisogno di combinare la capacità artistica, la sensibilità visiva, la finezza, nonché il sapore come fine dei nostri sforzi professionali. L' utilizzo di questi principi renderà *" Dessert au Creux de L'Assiette"* maggiormente interessante.

Finora ,la nostra professionalità, ha ottenuto riconoscimenti limitati alle competizioni culinarie. Il suo definitivo riconoscimento è la continua aspirazione al nostro lavoro.

Nella realizzazione di questo libro, abbiamo dato libera espressione alla nostra creatività con un supporto minimo di testo ma un alto livello di qualità fotografica a colori, richiesta dal soggetto stesso. Ogni dessert descritto nelle pagine seguenti è stato valutato e stimato nelle varie proprozioni tra I 10 e I 200 commensali.

Viaggiare ,ci ha aperto nuovi orizzonti, fornendoci nuovi intuiti ed una più chiara percezione della grande diversità ed essenzialità della cucina in generale e in particolare di *"" Dessert au Creux de L'Assiette"*. Soggetti come" I Frutti tropicali", " Le sculture di frutta e di ghiacchio" e la "Presentazione dei Petits Fours Display" sono stati tutti ispirati dai nostri viaggi alla scoperta della cucina.

Nel mondo della Cucina, la creatività degli Chef pasticceri,non si è ancora del tutto realizzata. Con questo libro, vogliamo incorraggiare le loro fatiche.

A quelli che in questo modo, sono stati stimolati ad esplorare questa idea epicurea e a percorrere il viaggio nei paesi della cucina, auguriamo "Bon Voyage" e tutta la forza delle loro spatole.

GLI AUTORI

François Tatté   Lionnel Raiffot

About The Authors • Über die Autoren • Gli autori

A book, by definition requires an author. *Dessert au Creux de l'Assiette* is the result of the culinary skills and creative inspiration of two young French pastry chefs, Lionel Raiffort and François Tatté, Compagnons du Devoir du Tour de France.

From similar backgrounds of family involvement in baking and batisserie, the two Frenchmen have pursued careers that have crossed and coincided and taken them from Brussels to Bangkok, Paris to Phuket, Montpellier to Marseille. On the cruise ship *Mermoz* they were exposed to the cultures and cuisines of a host of diverse countries. Time ashore in China, South Korea, Tanzania and Togo provided the two chefs a vital counterpoint to the European perspective that came from their early travels.

It was in Marseille in 1981 as members of the "Association Ouvriére des Compagnons du Devoir du Tour de France" that they first met and their friendship began.

Lionel Raiffort Born in Nantes in November, 1964, Lionel has already acquired an impressive diversity of professional experience and qualifications. His all-round training in the technicalities of his trade has been supplemented by a creative flair and a passion for perfection. Fired by the inspiration of different cultures and the possibility of applying new methods and techniques to his work, Lionel, a recipient of a European Masters Degree, is convinced that future development in his own speciality will be based on international innovation and cooperation.

François Tatté A young man with organizational skills in addition to comprehensive training and experience in all aspects of his profession, Francois was born in Reims in March,1963. In 1987 he was awarded the Master Pastry Chef diploma.

A natural advocate, François has passed on his skills to students at night school and in 1986 produced a demonstration video on the technique of making chocolate Easter eggs. His co-authorship of this book, a celebration of two young men's pride in their profession, is an ideal opportunity to display his many talents and help to create perhaps, an international "culinary tour de force".

E in Buch braucht einen Autor. *Dessert au Creux de l'Assiette* ist das Resultat des kulinarischen Geschicks und der kreativen Inspiration zweier junger französischer Chef Patissiers, Lionel Raiffort und François Tatté, Compagnons du Devoir du Tour de France.

Aus ähnlichen Familienverhältnissen in der Lebensmittelbranche stammend, haben die beiden Franzosen Laufbahnen eingeschlagen, die sich kreuzten und zufällig zusammen trafen, die sie von Brüssel nach Bangkok, von Paris nach Phuket, von Montpellier nach Marseille führten. Auf dem Kreuzfahrtschiff *Mermoz* lernten sie die Kulturen und Küchen verschiedenster Länder kennen. Landaufenthalte in China, Südkorea, Tansania und Togo vermittelten den beiden Chefs eine lebenswichtige Ergänzung zu den Erfahrungen, die sie auf den frühen Reisen gesammelt hatten.

Ihre erste Begegnung in Marseille 1981 als Mitglieder der "Association Ouvrière des Compagnons du Devoir du Tour de France" bildete den Auftakt zu ihrer Freundschaft.

Lionel Raiffort Der im November 1964 in Nantes geborene Lionel hat bereits eine beeindruckende Vielfalt an beruflicher Erfahrung und an Auszeichnungen erworben. Zu seiner umfassenden Ausbildung in den Techniken seines Gewerbes gesellten sich ein kreatives Flair und die Liebe zur Perfektion. Dank der Inspiration durch verschiedene Kulturen und der Möglichkeit, neue Methoden und Techniken in seine Arbeit einzubringen, und dank seinem Europäischen Meisterdiplom ist Lionel überzeugt, dass die zukünftige Entwicklung seiner Spezialität auf internationaler Innovation und Zusammenarbeit basiert.

François Tatté, der junge Mann mit organisatorischem Geschick, gepaart mit einer umfassenden Ausbildung auf allen Gebieten seines Berufs, wurde im März 1963 in Reims geboren. 1987 erwarb er das Meisterdiplom als Chef Patissier. Als überzeugter Verfechter seines Könnens hat er dieses Wissen in Abendkursen an Studenten weitervermittelt, und 1986 produzierte er ein Demonstrationsvideo über die Technik zur Herstellung von Schokoladen-Ostereiern. Sein Mitwirken an diesem Buch, das den Stolz zweier junger Männer auf ihren Beruf widerspiegelt, schenkt ihm die Gelegenheit, mit seinen vielen Talenten andere Professionelle zu einer internationalen kulinarischen "Tour de Force" an zu spornen.

U n libro richiesto, come lo definisce l'autore.
"Dessert au Creux de l'Assiette" è il risultato di abilità culinaria e ispirazione creativa di due giovani Chef Pasticceri, Lionel Raiffort e Françoise Tatté, entrambi Compagnons Devoir du Tour de France.

Avendo ambedue alle spalle una famiglia di pasticceri e panettieri, I due francesi hanno inseguito e preso le opportunità che hanno incrociato nel corso della loro carriera. Da Bruxelles a Bangkok, da Parigi a Phuket, da Montpellier a Marsiglia.

Fu sulla nave da crociera Mermoz che dimostrarono il loro interesse per la cultura e la cucina di diversi paesi.
Rientrati a terra, le esperienze in Cina, Corea del Sud, Tanzania e Togo, fornirono ai due chef un contrappunto vitale alle loro prospettive europee. Fu a Marsiglia, nel 1982 che si conobbero come membri dell'"Association Ouvrieres des Compagnons du Devoir Du Tour" e da lì iniziò la loro amicizia.

François Tatté (left) and his friend Lionel Raiffort in Bangkok, September, 1991

François Tatté (links) und sein Freund Lionel Raiffort in Bangkok, September 1991

François Tatté (sinistra) e il suo Amico Lionel Raiffort a Bangkok nel Settembre del 1991.

Lionel Raiffort Nato a Nantes nel Novembre del 1964, ha subito acquisito una impressionante diversità di qualificazione ed esperienza professionale. La sua formazione ha incrementato una predisposizione alla creatività e una passione per la perfezione, Stimolato dall'ispirazione di differenti culture e dalla possibilità di applicare nuovi metodi e nuove tecniche al suo lavoro, Lionel, partecipando all' European Master Degree, si covinse che la crescita futura del suo lavoro si sarebbe basata sull'innovazione e la cooperazione delle cucine internazionali.

François Tatté Un uomo con il talento dell'organizzatore in aggiunta a una completa preparazione in tutti gli aspetti della sua professione. Nato a Reims nel Marzo del 1963, François, si è diplomato come Chef Pasticcere nel 1987.
La sua vocazione naturale, l'ha impegnata in una scuola serale e nel 1986 ha partecipato alla produzione di un video dimostrativo sui procedementi e le tecniche nella realizzazione delle uova di Pasqua.

Plate Desserts

Teller Desserts

Dolci Al Piatto

■ Hong Kong Steam Pot

Ingredients

Steam pot in white and
dark tulipan dough*
Lychee mousse*
Fresh strawberries
Yellow watermelon
White sponge cake
Lychee sherbet*
Apricot gel
Fresh Lychee
Strawberry and peach sauces
Two dark chocolate chopsticks

Method

Arrange a layer of sponge cake in the steam pot, make a dome of lychee mousse and to with the strawberries and yellow watermelon. Glaze lightly.

■ Hong Kong-Teller

Zutaten

Teigkörbchen aus weissem und dunklem Hippenteig*
Litschi-Mousse*
Frische Erdbeeren
Gelbe Wassermelone
Heller Biskuitkuchen
Litschi-Sorbet
Aprikosen-Gel
Frische Litschis
Erdbeer- und Pfirsich-Saucen
Essstöbehen aus dunkler Schokolade

Zubereitung

Eine Lage Biskuitkuchen ins Teigkörbchen geben, Litschi-Mousse aufschichten, Erdbeeren und gelbe Wassermelone draufgeben. Leicht glasieren.

■ Dolce di Hong Kong

Ingredienti

Contenitore con coperchio realizzato in pasta di Tulipano* bianca e nera
Mousse di Litchi
Anguria gialla
Sorbetto di Litchi*
Litchi Freschi
Fragole Fresche
Pan di spagna
Gelatina di albicocca
Salse di fragole e albicocche

Due bastoncini cinesi di cioccolato fondente

Preparazione

Adagiare uno strato di pan di spagna all'interno del contenitore in pasta di tulipano, sovrapporre la mousse di litchi e aggiungere le fragole e l'anguria gialla. Gelatinare appena.

Note To achieve a good, thin chocolate piping you must use couverture. The chocolate coating has to be excluded. The chocolate piping can sometimes whiten on surface after a few days when temperature is too high. When the sauce id added however, it will regain its shine.

Anmerkung Für eine gute feine Schokoladenspritzglasur muss Kuvertüre verwendet werden, keine Schokoladenglasur. Die Schokoladenspritzglasur kann bei hoher Temperatur an der Oberfläche etwas weisslich werden. Sobald man jedoch die Sauce dazu gibt, glänzt die Glasur wieder.

Note Per ottenere una bella decorazione al cioccolato con il cornetto è d'obbligo usare della copertura anziché una glassa. Se la copertura dovesse diventare opaca a causa dell'elevata temperatura, versando le salse per la decorazione riacquisterà la brillantezza originaria.

Grandmother's Gratinated Fruits

Diet Cake
Calorie Content- Approximately 100g of fruit and 100g of cream = 130 calories.

Ingredients
Assorted fresh fruits : strawberries, raspberries, apricots, peaches, pineapples etc.
Hazelnut cream

Method
Arrange the peeled and cut fruit on the plate. Top with the cream and place in the oven or heat under the salamander to add slight colour.

Grossmutters gratiniertes Obst

Diät-Dessert
Kalorienwert - zirka 100g Obst und 100g Creme = 130 Kalorien

Zutaten
Auswahl an frischem Obst: Erdbeeren, Himbeeren, Aprikosen, Pfirsiche, Ananas, etc.
Haselnuss-Creme*

Zubereitung
Geschältes und geschnittenes Obst auf dem Teller auslegen. Creme darüber geben und im Ofen oder unter dem Salamander überbacken, bis sie etwas Farbe annimmt.

Frutta Gratinata Della Nonna

Dolce dietetico
Calorie contenute: approssimativamente 100 g di frutta e 100 g di crema=130 calorie

Ingredienti:
Frutta fresca assortita: fragole, lamponi,albicocche,pesche,ananas,etc
Crema di nocciole*

Preparazione
Sistemare su un piatto la frutta pelata e tagliata. Coprire con la crema e mettere in forno o a riscaldare sotto la salamandra.

■ Rhubarb Mille-Feuilles in fillo Dough

Ingredients

Fillo dough*
Angelic
Butter
Caramel and peach sauces
Cinnamon icecream*
Rhubarb
Icing sugar

Method

Layer three leaves of fillo dough brushed with melted butter. Cut into a square shape and bake at the last minute in a hot oven. Alternate three squares of the baked dough with the rhubarb filling which has been macerated in sugar and simmered with a litte butter and cinnamon without creating a puree. Sprinkle the top with icing sugar.

■ Rhabarber-Cremeschnitte aus Fillo-Teig

Zutaten

Fillo-Teig*
Rhabarber
Butter
Karamel- und Pfirsichsauce
Zimteis*
Angelika
Puderzucker

Zubereitung

Drei mit Butter bepinselte Fillo-Teigblätter aufeinander schichten. In die gewünschte Form schneiden und in letzter Minute im heissen Ofen backen. Zwischen je drei Teigstücke etwas Füllung aus Rhabarber geben, welcher mit Zucker mariniert und dann mit Butter und Zimt leicht geköchelt wurde, jedoch nicht zu Mus. Die Oberfläche mit Puderzucker bestäuben.

■ Mille Foglie al Rabarbaro in Pasta Fillo

Ingredienti

Pasta fillo*
Rabarbaro
Burro
Caramello e salsa di pesche
Gelato alla cannella*
Angelica
Zucchero a velo

Preparazione

Disporre su un piano tre fogli di impasto e spennellarli con il burro fuso. Ricavare da ogni foglio un quadrato e cuocerli allûultimo minuto nel forno caldo. Alternare ai tre quadrati cucinati una farcitura di rabarbaro precedentemente fatto macerare in zucchero e fatto leggermente appassire con burro e cannella (senza farlo diventare purée). Aggiungere una spolverata finale di zucchero a velo.

■ Day and Night

Ingredients
Marbled Ladies Fingers biscuit
White chocolate mousse*
"Kahlua sauce"
Peach, strawberry and kiwi sauce
Apricot gel

Method
Layer a thin Ladies Fingers biscuit with the whit chocolate mousse. Roll, and to prevent aeration of the mousse, press into a plasticised sheet. Store in a cool place. Glaze and cut as required for serving.

■ Tag und Nacht

Zutaten
Marmorierte Löffelbiskuits
Weisse Schokoladen-Mousse*
"Kahlua"Sauce
Pfirsich-, Erdbeer- und Kiwi-Sauce
Aprikosen-Gel

Zubereitung
Ein feines Löffelbiskuit dünn mit weisser Schokoladenmousse überziehen. Um Blasenbildung zu vermeiden, satt in Plastik einrollen und kühl stellen. Vor dem Servieren nach Belieben mit Glasur überziehen.

■ Il Giorno e la Notte

Ingredienti
Savoiardi Marbré
Mousse di cioccolato bianco*
Salsa "Kahlua"
Salse di pesche, fragole e kiwi
Gelatina di albicocche

Preparazione
Guarnire un sottile strato di biscotti Marbré con la mousse di cioccolato bianco. Arrotolare e per prevenire la fuoriuscita della mousse, utilizzare un foglio di pellicola da cucina. Riporre in frigorifero Gelatinare e tagliarlo prima di servirlo.

Sweet Box
Sweet box in pastillage filled with jelly fruit bonbons.
Marguerite in pulled sugar.**

Bomboniera
Bomboniera in pastigliaccio riempita con gelatine di frutta
e margherita in zucchero tirato.*

Bonbonniere
Bonbonniere aus Plätzchen, gefüllt mit Geleefruchtbonbons*
Margerite aus gezogenem Zucker*

■ Sushi Plate

Ingredients
Glutinous rice
Assorted fresh fruits : papaya, mango, kiwi, jackfruit, Aloe vera simmered with brown sugar
Arbutus fruit sauce
Banana leaf

Method
Shape the rice around the fruits as for sushi. Roll some rice around a piece of mango and deep fry. Cut the banana leaves. Arrange the plate and serve.

Note
This dessert is a combination of ideas from Thailand and Japan.

■ Sushi-Obstteller

Zutaten
Klebreis
Obst nach Belieben: Papaya, Mango, Kiwi, Jackfrucht
Aloe Vera mit Rohzucker leicht gegart
Erdbeerbaumfrucht-Sauce
Bananenblatt

Zubereitung
Den Reis um das Obst andrücken wie für Sushi. Ein Stück Mango mit etwas Reis umhüllen und frittieren. Bananenblätter zuschneiden. Den Teller hübsch anrichten und servieren.

Anmerkung
In diesem Dessert werden Ideen aus Thailand und Japan kombiniert.

■ Sushi di Frutta

Ingredienti
Riso glutinoso
Frutta fresca assortita: papaya, mango, kiwi, jackfruit
Aloe Vera scottata con zucchero di canna
Salsa all'Arbuto
Foglia di banana

Preparazione
Creare delle forme di riso attorno alla frutta sagomata. Formare una pallina di riso con al centro un pezzo di mango quindi friggere. Tagliare la foglia di banana, guarnire e sistemare nel piatto di portata.

Note
Questo piatto é il risultato di due ricette originarie dalla Thailandia e dal Giappone.

JAPAN

■ Chocolate Feuillant

Ingredients

Tears of dark and white chocolate
Soft dark chocolate mousse*
Mint leaves
White chocolate mousse*
Cherries
Mint sauce

Method

Altternate the dark and white chocolate mousse between the chocolate tears. Cover at the last minute to avoide the effects of humidity.

■ Schokoladen-Feuillant

Zutaten

Tränenförmige Blätter aus weisser und dunkler Schokolade
Weisse Schokoladen-Mousse*
Weiche dunkle Schokoladen-Mousse*
Kirschen, Pfefferminzblatt, Pfefferminz-Sauce

Zubereitung

Abwechslungsweise dunkle und weisse Schokoladen-Mousse zwischen die Schokoladen-Blätter streichen. Die oberste Schicht im letzten Moment anfügen, um das Feuchtwerden zu vermeiden.

■ Feuillant al Cioccolato

Ingredienti

Gocce di cioccolato bianco e nero
Mousse di cioccolato bianco*
Spuma di cioccolato nero*
Ciliegie
Foglie di menta
Salsa di menta

Preparazione

Alternate sia la mousse bianca che nera alle gocce di cioccolato. Coprite fino al momento prima di servire per evitare effetti dovuti allûumidità

■ Baklava

Ingredients

Three sheets of fillo dough* Mixture 1/3 almond,
1/3 walnut powder, 1/3 breadcrumbs
Melted butter   syrup at 28 degrees beaume
Nougat sauce   Walnut and almond   Mint leaves

Method

Superpose three sheets of buttered fillo dough brushed with melted butter. Sprinkle the mixture all over except along one side. Roll it. Butter the top. Cut or pre-cut as needed. Sprinkle the top lightly with cold water. Bake in a mold with high edges and greaseproof paper at 420°F until golden brown. Immediately after baking pour over the hot syrup to half height. Allow to cool. Strain and arrange the plate.

■ Baklava

Zutaten

Drei Lagen Fillo-Teig*
Mischung aus 1/3 Paniermehl, 1/3 feingeriebenen Mandeln und 1/3 geriebene Baumnüsse
Geschmolzene Butter   1240 Grad eingedickter Sirup
Nougat-Sauce   Mandeln und Baumnüsse   Pfefferminzblätter

Zubereitung

Die drei mit Butter bepinselten Filloblätter aufeinander schichten. Mit der erwähnten Mischung bestreuen ausser an den Seiten. Wie ein Rosinenbrot aufrollen. Die Oberseite nochmals buttern. Vorschneiden oder schneiden wie gewünscht. Die Oberseite leicht mit kaltem Wasser besprengen. In einer mit Backpapier augelegten Form mit hohem Rand im Ofen bei zirka 215°C 15 Minuten backen. Aus dem Ofen nehmen und sofort bis zur halben Höhe mit Sirup übergiessen. Auskühlen lassen (nicht im Kühlraum). Absieben und anrichten.

■ Baklava

Ingredienti

Tre fogli di pasta filo*
Mix composto da 1/3 di mandorle, 1/3 di polvere di noci e 1/3 di pangrattato
Burro fuso
Sciroppo a 28 gradi di beaume
Salsa di torrone
Noci e mandorle
Foglie di menta

Preparazione

Sovrapporre tre fogli imburrati di impasto e spennellarli con il burro fuso. Spolverare con il mix di noci, mandorle e pangrattato, arrotolare e imburrare. Tagliare come si desidera e inumidire leggermente la parte superiore con dellûacqua fredda. Cuocere in uno stampo a bordo alto con carta oleata a 215°C per 15 minuti o comunque fino a che diventano dorati. Appena sfornati versare sopra lo sciroppo caldo e lasciare raffreddare. Togliere dal liquido e sistemare nel piatto.

Trio
Watermelon and cantaloupe carving

Das Trio
Geschnitzte Wasser- und Cantaloupe-Melonen

Il Trio
Sculture di anguria e melone

■ Gooseberry and Redcurrant Soufflé

Ingredients
Layered biscuit
Iced redcurrant soufflé*
Iced green gooseberry soufflé*
Green gooseberry and redcurrant fruits and sauces
Apricot gel

Method
Cover the whole mold completely with a thin layer of the biscuit and successively fill with the two soufflés. Freeze. Remove and slightly glaze. Make an attractive arrangement of gooseberry and redcurrant strings.

Note
Despite their pleasant taste, gooseberries are used less often by the pastry chefs who prefer the more colourful redcurrants.

■ Soufflé Glacé mit roten Johannisbeeren und Stachelbeeren

Zutaten
Biskuit-Schichten
Glasiertes Johannisbeer-Soufflé*
Glasiertes grünes Stachelbeer-Soufflé*
Früchte und Saucen von grünen Stachelbeeren und roten Johannisbeeren
Aprikosen-Gel

Zubereitung
Eine Biskuitform mit dünnen Biskuit-Schichten auslegen, nach und nach mit den beiden Soufflés auffüllen. Im Gefrierschrank gefrieren lassen. Vor dem Servieren aus der Form nehmen und leicht mit Glasur überziehen. Johannisbeeren und Stachelbeeren hüsch auf dem Teller arrangieren.

Anmerkung
Obwohl Stachelbeeren gut schmecken, werden sie von Chef Patissiers weniger oft verwendet als die farblich ansprechenderen Johannisbeeren.

■ Souffle di Uva Spina e Ribes

Ingredienti
Biscotti a strati
Soufflé freddo di Ribes*
Soufflé freddo di uva spina*
Uva bianca e Ribes rossi sia in frutta che in salsa
Gelatina di albicocche

Preparazione
Coprire la base dello stampo con un sottile strato di biscotti e successivamente aggiungere I due soufflé. Mettere in congelatore Rimuovere dal congelatore e gelatinare appena. Disporre in modo armonioso in un piatto insieme alla frutta.

Note
Nonostante il suo piacevole sapore, l'uva spina, è' poco usata dagli Chef pasticceri che preferiscono I più colorati ribes.

Note When making a geometric design it's a good idea to make lines longer than necessary. Cool it and remove the surplus pieces keeping your plate clean with a tissue impregnated with alcohol.

Anmerkung Es empfiehlt sich, die Spritzglasur-Linien länger zu machen als nötig, diese dann im Kühlschrank auskühlen lassen. Die übeflüssigen Teile können nacher gut entfent und der Teller mit einem alkoholgetränkteun Lappen gereinigt werden.

Note Quando realizzate dei disegni geometrici utilizzando il cornetto, fate le linee più lunghe del necessario. Dopo aver fatto raffreddare in frigo, eliminate il superfluo con un panno di cotone imbevuto di alcool.

■ *Sherbet Trilogy*

Ingredients
One scoop of sherbet kiwi*, apricot *
and zalacca *
Tulipan*
Fresh fruits : plum, peach, banana, kiwi,
apple, raspberry, blackberry
Mint leaves

Method
Organise three scoops of sherbets into a
tulipan. Arrange the fruits as shown in the
photograph.

■ *Sorbet-Trilogie*

Zutaten
Je eine Kugel Kiwi*-, Aprikosen*- und
Salak*-Sorbet
Hippe
Frisches Obst: Pflaume, Pfirsich,
Banane, Kiwi, Apfel, Himbeeren,
Brombeeren
Pfefferminzblätter

Zubereitung
Drei Kugeln Sorbet in eine Hippe geben.
Das Obst so anordnen wie auf dem Foto.

■ *Trilogia di Sorbetti*

Ingredienti
Una pallina di : sorbetto al kiwi*,
sorbetto all'albicocca* e sorbetto alla
Zalacca
Pasta Tulipano*
Frutta fresca:prugne, pesche, banana,
kiwi,mele,lamponi e more
Foglie di menta

Preparazione
Mettere all'interno della base di tulipano
una pallina di ciascun sorbetto.Decorare
con la frutta come mostra la foto.

Dora Yaki

Ingredients
Japanese waffle *
Red bean paste *
Green tea sherbet *
Mint leaves

Method
Cook both sides of the waffle on an oiled iron griddle. Be aware of the rapid spread of the paste colouration. After cooling make a sandwich of two waffles and red bean paste. Make a ball from the paste and circle with beans. This dessert can also be eaten slightly warm with cream cheese or a marmalade filling. Store refrigerated in a plastic bag.

Dora Yaki

Zutaten
Japanische Waffel*
Rote Bohnenpaste*
Grüntee-Sorbet*
Pfefferminzblätter

Zubereitung
Die Waffel beidseitig auf dem eingeölten Eisenrost garen. Acht geben, wie sie schnell Farbe annimmt, damit sie nicht zu dunkel wird. Zum Auskühlen auf ein Gitter legen. Rote Bohnenpaste zwischen zwei Waffeln streichen. Eine Kugel formen aus Bohnenpaste und ringsum Bohnen andrücken. Dieses Dessert kann auch lauwarm mit Rahmkäse oder Marmeladenfüllung gegessen werden. Kann kühl gelagert werden in einer Plastiktüte.

Dora Yaki

Ingredienti
Cialde Giapponesi*
Crema di fagioli rossi*
Sorbetto al tè verde*
Foglie di menta

Preparazione
Cucinare ambedue I lati delle cialde utilizzando una griglia antiaderente. Fate attenzione alla rapida presa di colore . Dopo averle fatte raffreddare, fare un sandwich con due cialde e la crema di fagioli rossi. Con la crema avanzata, realizzare una pallina e rivestirla con I fagioli interi. Questo dolce può essere servito leggermente caldo con una crema al formaggio o con una farcitura di marmellata.Per la conservazione, riporre in frigo, coperto da cellophane.

■ Opéra cake

Ingredients
Opera cake*
Vanilla icecream
"pate a choux" triangle
Mint leaves
Coffee and vanilla sauces
Gold leaf

Method
Set up the diamond shaped Opera cakes. Finalise the decoration with the sauce, icecream, the "pate a choux" triangle and the gold leaf on top the Operas.

■ Die grosse Oper

Zutaten
Opernkuchen*
Pfefferminzblätter
Vanille-Eis
Kaffee- und Vanille-Saucen
Brandteig*-Dreieck
Goldblatt

Zubereitung
Rautenförmige Kuchenstücke gemäss Bild aufeinander schichten. Ausgarnieren mit Sauce, Eis, Brandteig-Dreieck und Goldblatt auf den Opernkuchen.

■ La Grande Opera

Ingredienti
Biscotto Opera*
Gelato alla Vaniglia
Tiangolo di pasta bigné
Foglie di menta
Salse di caffè e vaniglia
Foglia d'oro

Preparazione
Disporre su un piatto il biscotto Opera a losanga. Finalizzare la decorazione con le salse, il gelato ed il triangolo di pasta bigné. Per ultima, porre la foglia d'oro.

Cornucopia

Blow sugar cornucopia, rose and ribboned bow in pulled sugar,* assorted caramelized "fruits" and cracked macaroons.**

Füllhorn

Füllhorn aus Zuckermasse blasen, Bänder und Rose aus gezogenem Zucker*, Auswahl an karamellisierten "Früchten" und Makronen**

Cornucopia

Cornucopia di zucchero soffiato, rosa e nastro in zucchero tirato con assortimento di frutta caramellizzata e amaretti.

FRANCE

Frou-Frou

Ingredients
Almond meringue*
Marquise mixture*
Black and white chocolate
Truffle * and coffee sauce
Mint leaves

Method
Superpose two slices of almond meringue in a circular mold and fill with the marquise mixture. Remove and on a sheet of plastic, place a chocolate stripe all around. Remove the plastic just before serving. Arrange the chocolate fans on the top.

Frou-Frou

Zutaten
Mandel-Schaummasse*
Marquise-Mischung*
Dunkle und weisse Schokolade
Trüffel*- und Kaffeesauce
Pfefferminzblätter

Zubereitung
In einer runden Form zwei Schnitten Mandel-Schaummasse übereinander schichten, mit Marquise-Mischung dazwischen und darüber. Aus der Form nehmen und auf einer Plastikunterlage mit einem Schokoladenstreifen umwickeln. Plastik erst vor dem Servieren entfernen. Die weissen und dunklen Schokoladenrüschen draufgeben.

Frou Frou

Ingredienti
Meringa di mandorle
Impasto Marquise *
Cioccolato bianco e nero
Tartufi e salsa al caffè
Foglie di menta

Preparazione
Sovrapporre due fette di meringa alle mandorle in uno stampo circolare e coprire con l'impasto Marquise. Rimuoverlo dallo stampo e cinturare con un foglio di plastica ricoperto dal cioccolato fondente che verrà tolto appena prima di servire il piatto. Disporre I riccioli bicolore sopra la meringa.

Pineapple Cristalline

Ingredients
Six crispy pineapple *
Pineapple sherbet *
Mint leaves
Chestnut cream *
Dark rum and coffee sauces

Method
Pipe the two layers of chestnut cream in to the pineapple and arrange on the plate.

Serving Suggestions
Store the crispy pineapples in a dry place and use them at the last possible moment to avoid softening.

Ananas-Kristall

Zutaten
Sechs knusprige Ananasscheiben*
Dunkle Rum- und Kaffeesaucen
Pfefferminzblätter
Kastaniencreme*
Ananas-Sorbet

Zubereitung
Die Ananasscheiben mit der Kastaniencreme ausgarnieren und mit dem Sorbet auf dem Teller anrichten.

Serviervorschlag
Um die Knusprigkeit der Ananas zu erhalten, diese an einem trockenen Ort aufbewahren und die Garnitur erst im letzten Moment anbringen.

Cristalli di Ananas

Ingredienti
Sei tranci di ananas cristallizzati
Crema di castagne*
Sorbetto di ananas
Rhum nero
Salsa al caffè
Foglie di menta

Preparazione
Guarnire I cristalli di ananas con la crema di castagne. Disporre nel piatto con il sorbetto.

Consigli
Per mantenere l'effetto cristallino dell'ananas, consigliamo di sistemare tutti gli elementi nel piatto all'ultimo momento.

MALAYSIA

Mangosteen charlotte : "The Queen of Fruits"

Ingredients
Mangosteen mousse *
Layered biscuit
Sponge cake
Mangosteen
Chocolate stem and leaves
Raspberry sauce
Banana leaf
Syrup

Method
Fill an alveole mold to the 3/4 level with mangosteen mousse. Add the sponge cake. After the mixture has cooled add the layered biscuit and top up completely, finishing with a sponge cake. Remove from the mold adding the leaves and stem.

Mangostanen-Charlotte: "Die Königin der Früchte"

Zutaten
Mangostanen-Mousse* Bananenblatt
Schokoladenstange Mangostane
und -Blätter Sirup
Schicht-Biskuit
Himbeer-Sauce
Butterbiskuitmasse

Zubereitung
Eine Alveolen-Form bis 3/4 Höhe mit Mangostane-Mousse füllen. Eine dünne Lage Butterbiskuitmasse draufgeben und nach dem Kühlen mit Schicht-Biskuit auffüllen, zuletzt wieder eine Lage Butterbiskuit-Masse. Aus der Form stürzen und mit Schokoladenstücken und -Blättern garnieren.

Charlotte di Mangostano "La Regina dei Frutti"

Ingredienti
Mousse di Mangostano*
Biscotti a strati
Pan di spagna
Mangostano
Foglie e stelo di cioccolato
Salsa di lamponi
Foglia di banana
Sciroppo

Preparazione
Riempire I di uno stampo ad alveoli con la mousse di mangostano. Aggiungere il pan di spagna. Lasciarlo raffreddare quindi aggiungere I biscotti e come ultimo strato ancora del pan di spagna. Toglierlo dallo stampo e guarnirlo con lo stelo e le foglie di cioccolato.

Winter
Wine granita on a base parfait.

Winter

L' Inverno

THE COMPAGNONS DU DEVOIR DU TOUR DE FRANCE

The ability of the artisan to transform material, the ambition to embrace the great universal trilogy of precepts, forms the very basis of the Compagnonnage itself.

Over the centuries, and from its inception, the Compagnonage has left its mark on history. Even through difficult times its dedication to humanitarian and honourable principles, combined with its initative in chartering the rights of all workers, together with its instigation of the first workers' mutual insurance scheme, has been of lasting benefit to society. It also provides an understanding of the title accorded to the Compagonnage. The Workers Representative'.

More even than colleges and technical institutions, the Compagnonnage plays a fundamental role in the teaching and promulgation of basic values. Concepts such as the preservation and promotion of the profession, together with a deep respect for the work ethic, an appreciation and understanding of nature and a love of life itself. These are all ideals, which, once achieved, lead the Compagnons to a gentle understanding and a basic tranquility. Theirs is the eventual satisfaction and pride of a life lived according to the highest principles.

The struggle to achieve these high standards is symbolized by the image of the labyrinth a long and difficult road with many obstacles, but one which can be negotiated by those with perseverance and of brave heart.

Believing in the fundamental goodness of man and the eventual triumph in the struggle against self-interest, the Compagnons do not seek to follow the common course, but rather to persue their own way, according to the maxim: "Be not a slave, nor take advantage of others, but serve society."

DIE COMPAGNONS DU DEVOIR DU TOUR DE FRANCE

Das Ziel der Compagnonnade ist, den Berufsmann, der sich mit der Gestaltung von Materie befasst, anzuleiten, die grosse universelle Trilogie von manuellen, intellektuellen und geistigen Fähigkeiten für seine Arbeit einzusetzen.

Seit ihrer Gründung hat die Compagnonnade während Jahrhunderten mit ihren Werken die Geschichte beeinflusst. Auch in schwierigen Zeiten hat sie humanitäre Prinzipien hoch gehalten und sich für die Rechte der Arbeiter eingesetzt. Die Initiative zum Abschluss des ersten gegenseitigen Versicherungsvertrages zwischen Arbeitgeber und Arbeitnehmer hat sich bis heute als Nutzen für die Gesellschaft erwiesen. Ihre Vermittlerrolle zwischen Beruf und Gesellschaft hat ihr verdientermassen den Titel "Vertreterin der Arbeiterschaft" eingetragen.

Mehr noch als Schulen oder technische Lehranstalten spielt die Compagnonnade eine wesentliche Rolle im Vermitteln von Grundwerten, Konzepten zur Erhaltung und Förderung des Berufsbildes, viel Respekt für Arbeitsethik, Wertschätzung und verständnisvoller Umgang mit der Natur und die Liebe zum Leben. Die Compagnons dienen höheren Prinzipien mit Einsicht und Beharrlichkeit. Das Labyrinth symbolisiert den anstrengenden Weg zu den hohen Zielen, welchen die Compagnons mit Ausdauer und Mut bewältigen.

Mit ihrem Glauben an das Gute im Menschen und dem Hintansetzen persönlicher Interessen gehen die Compagnons ihren eigenständigen Weg abseits der Masse nach der Maxime, nicht sich selber in den Vordergrund zu stellen, nicht andere auszunützen, sondern zu dienen.

I COMPAGNONS DU DEVOIR DU TOUR DE FRANCE

L'abilità dell'artigiano a trasformare le materie, la possibilità di accedere alla grande Trilogia Universale: manuale, intellettuale e spirituale, formano la vera base della Compagnia. Attraverso I secoli, qualunque sia l'origine che noi gli attribuiamo, la Compagnia, malgrado I tempi difficili è sempre stata presente, segnando la storia con I suoi capolavori e con l'attaccamento ai valori umanitari (Lo Statuto Operaio e Società mutualistiche tra le altre).

Si è sempre rimessa in gioco, senza fermarsi, per portare a compimento il suo dovere verso il mestiere e la società che servirà, ottenendo così il titolo di "Cavaliere del lavoro".

Più che una scuola o un liceo tecnico, l'ordine della Compagnia si è imposto un ruolo fondamentale nell'insegnamento e promulgazione professionale, ma anche il rispetto della materia, del gusto, degli sforzi e dell'amore per la vita. Con l'immagine di un labirinto, preso come simbolo di un percorso lungo e difficile da intraprendere, la Compagnia si è tracciata una linea di condotta rigorosa, forte della perseveranza, bontà e coraggio. Questa tranquillità d'animo, duramente acquisita durante gli anni, gli dà la soddisfazione e la fierezza di un'opera di vita felicemente portata a termine.

Società di uomini convinti di una evoluzione perpetua possibile e fortemente contraria al narcisismo; la Compagnia persegue, non le buone, non le cattive ma le proprie tradizioni ideali e massime: "non essere servi, non servirsi ma servire".

■ Pear and Blackcurrant Mousse

Ingredients

White sponge cake
Pear mousse *
Blackcurrant mousse *
Black currant sauce
Kiwis fruits and strawberries
William pear syrup
Stem and leaf in chocolate
Apricot gel
Pears in syrup

Method

Place a layer of soaked sponge in a pear - shaped mold and half fill with pear mousse. Add another biscuit slightly smaller than the mold. Allow to cool then top up with blackcurrant mousse. Glaze and remove. Decorate as illustrated.

■ Birnen- und Cassis-Mousse

Zutate

Helles Butterbiskuit
Birnen-Mousse*
Cassis-Mousse*
Cassis-Sauce
Kiwi und Erdbeeren
Williamsbirnen-Sirup
Schokoladen-Stange und -Blatt
Aprikosen-Gel
Birnen in Sirup

Zubereitung

Eine Schicht mit Williams getränktes Biskuit in eine birnenförmigen Form geben und bis zur Hälfte mit Birnen-Mousse auffüllen und eine Schicht Biskuit, die etwas kleiner ist als die Form ist, darauf legen und kühlen. Dann Cassis-Mousse darauf schichten und glasieren. Aus der Form nehmen und dekorieren wie auf dem Foto.

■ Pera con Mousse di Ribes

Ingredienti

Pan di spagna
Mousse di pere*
Mousse di ribes*
Salsa di ribes
Kiwi e fragole
Sciroppo di pere William
Stelo e foglia di cioccolato
Gelatina di albicocche
Sciroppo di pere

Preparazione

In uno stampo a forma di pera alternare, successivamente allo strato di pan di spagna imbevuto nello sciroppo di pere william, la mousse di pere e la mousse di ribes. Reffreddare in frigo, quindi rimuovere e decorare come illustrato nella foto.

■ Guava Wontons

Ingredients
Wonton casings 8.5cm x 8.5cm
(From specialist oriental shops)
Guava purée
Poached guava
Custard apple sherbet *
Pandan sabayon
Pandan leaves
Icing sugar

Method
Garnish three wonton casings with the guava puree. Brush the edges with water and fold in triangles. Prepare the pandan sabayon and deep - fry the wonton in hot oil (350°F) to achieve a golden colour. Drain on paper towels and dust with icing sugar. Arrange on the plate with the sabayon. The sherbet and the fan of poached guava.

■ Guaven-Wontons

Zutaten
Wonton-Blätter 8,5 cm x 8,5 cm
(vom asiatischen Spezialisten)
Apfelcreme-Sorbet*
Pandan-Sabayon
Guaven-Püree
Pandan-Blätter
Pochierte Guaven
Puderzucker

Zutaten
Wontonblätter mit Guavenpüree belegen, Ränder zuvor mit Wasser bepinseln und dann zu Dreiecken falten. Den Pandan-Sabayon zubereiten und die Wontons in heissem Öl (180°) golden frittieren. Auf Küchenpapier abtropfen lassen und mit Puderzucker bestreuen. Auf dem Teller anrichten mit Sabayon, Sorbet und einem Fächer aus pochierter Guave.

■ Wontons con Purée di Guava

Ingredienti
Wontons in fogli cm 8,5x8,5
(si trovano nei negozi specializzati in cibo asiatico)
Purée di Guava
Guava sbollentato
Sorbetto di mele Custard*
Zabaione di Pandan
Foglie di Pandan
Zucchero a velo

Preparazione
Guarnire tre wonton con la purée di guava. Inumidirne I bordi con l'acqua e piegarli a triangolo. Preparare lo zabaione di Pandan e friggere il wonton in olio caldo (180°C) fino a doratura quindi porre il wonton su carta assorbente e spolverare con zucchero a velo. Disporre nel piatto con lo zabaione, il sorbetto e un ventaglio realizzato con il guava sbollentato.

ANTILLES

Imperial Jujube Tart

Ingredients

Sugar dough
Egg mix
Jujubes
Chiboust cream *
Mixture 50% brown 50% white sugar
Calvados and strawberry sauces
Mint leaves

Method

Bake the peeled, buttered and sugared jujube. Garnish a mold lined with sugar dough and the baked jujubes. Pour on the egg mix. Bake and cool. Place a slightly smaller ring on the top filled with chiboust cream. Keep cool. Remove as needed and caramelize the top as well as the baked jujubes for decoration.

Jujube-Kaisertörtchen

Zutaten

Zuckerteig
Jujuben
Calvados- und Erdbeer-Saucen
Mischung aus 50% Rohzucker und 50% weissem Zucker
Eiermasse
Chiboust-Creme*
Pfefferminzblätter

Zubereitung

Die geschälten, gebutterten und gezuckerten Jujube im Ofen backen. Eine Form mit Zuckerteig auslegen und die Jujube mit der Eiermasse darauf geben. Backen und auskühlen. Einen etwas kleineren Ring darauf stellen und mit Chiboust-Creme füllen. Kühlstellen. Bei Bedarf aus der Form nehmen und die Oberfläche wie auch die gebackenen Jujube karamellisieren und schön anrichten.

Crostata Imperiale alle Giuggiole

Ingredienti:

Pasta di zucchero
Uovo sbattuto
Giuggiole
Crema di Chiboust*
Mix composto da 50%zucchero di canna e 50% zucchero bianco
Calvados e salsa di fragole
Foglie di menta

Preparazione

Infornare le giuggiole dopo averle pelate, imburrate e zuccherate. Rivestire uno stampo con la pasta di zucchero e le giuggiole cotte. Aggiungere l'uovo sbattuto. Infornare e lasciare raffreddare. Disporre un piccolo anello sulla parte superiore e riempire con la crema di chiboust. Far raffreddare. Rimuovere, caramellizzare la parte superiore così come le giuggiole cotte che serviranno per guarnire.

Sacher

Ingredients

Sacher biscuit *
Apricot marmalade
Ganache
Opera cake coating *
Apricot and vanilla sauces
Custard cream fan *
Sweet whipping cream
Mint leaves

Method

Successively coat two layers of biscuits with apricot marmalade and cut another layer of biscuit in a square. Spoon a thin layer of ganache all around. Cool and glaze with chocolate coating. Decorate and arrange the plate.

Sacher-Törtchen

Zutaten

Sacherbiskuit*
Aprikosenmarmelade
Ganache
Opernkuchenglasur*
Aprikosen- und Vanille-Saucen
Fächer aus Patisseriecrevne*
Süsse Schlagsahne
Pfefferminzblätter

Zubereitung

Zwei Biskuitlagen abwechselnd mit Aprikosenmarmelade füllen und ein zusätzliches Biskuitquadrat darauf legen und ringsum mit Ganache abdecken. Gut durchkühlen und auf einem Gitter mit Schokoladeglasur überziehen. Den Teller anrichten und dekorieren.

Torta Sacher

Ingredienti

Biscotti Sacher*
Marmellata di Albicocche
Ganache
Velatura Opera*
Salse di albicocca e vaniglia
Ventaglio di crema Pasticcera *
Foglie di menta

Preparazione

Alternare due strati di biscotti con la marmellata di albicocche quindi tagliare ricavandone un quadrato. Ricoprire l'intero quadrato con un sottile strato di ganache. Raffreddare e glassare. Decorare e adagiarla nel piatto.

■ Black Forest

Ingredients
Chocolate sponge cake
Chocolate sultane cream *
Sweet whipping cream
Kirsch syrup
Amarena cherries macerated in Kirsch
Vanilla and cherry sauces
Black and white chocolate chips

Method
Trace the circumference in black and white chocolate with a stencil. Alternate the 3 layers of sponge soaked with the kirsch syrup. First with the cocolate sultane cream and secondly with the whipped cream, both layers garnished with ammarena cherries. Bot with the chocolate chips.

■ Schwarzwälder

Zutaten
Schokoladenbiskuit
Amarenenkirschen in Kirsch mariniert
Schokoladencreme Sultansart*
Süsse Schlagsahne
Vanille- und Kirschen-Cremen
Kirschsirup
Dunkle und weisse Schokoladenchips

Zubereitung
Die Hülle aus dunkler und weisser Schokolade mit Hilfe einer Schablone ausführen. Die drei Lagen mit Kirsch getränktem Schokoladenbiskuit zuerst mit Schokoladencreme Sultan, dann mit Schlagsahne füllen, je mit Amarenenkirschen darauf, und abschliessend mit Schokoladenchips garnieren.

■ Foresta Nera

Ingredienti
Pan di spagna al cioccolato
Crema sultana al cioccolato
Crema Chantilly
Sciroppo al kirsch
Amarene macerate nello sciroppo al kirsch
Salse di vaniglia e ciliegie
Scaglie di cioccolato bianco e nero

Preparazione
Tracciare la circonferenza della torta utilizzando uno stampo con il cioccolato bianco e nero. Alternare tre strati di pan di spagna imbevuti con lo sciroppo di kirsch. Guarnite il primo strato con la crema sultana al cioccolato e il secondo con la crema Chantilly, entrambi gli strati con le amarene. Puntinate con le scaglie di cioccolato.

Harmonium
An original display of iced bonbons* on a paraffin base with bamboos in a glass filled with warm green water and dry ice.

Harmonium
Eine originelle Art, Eisbonbons* zu präsentieren auf einem Paraffinbett mit Bambusstücken, die aus einem mit warmem grünem Wasser gefüllten Glas heraus ragen, umnebelt von Trockeneis.

Armonium
Una originale creazione con caramelle glassate su base di paraffina con bamboo in vetro ricoperti con acqua calda verde e ghiaccio sintetico

GERMANY

FRANCE

■ *Colombier*

Ingredients
Colombier *
Pink and green marzipan
Blackberry and vanilla sauces
Roasted almond slices
Apricot gel

Method
When the cake has cooled after baking, glaze it slightly to provide a good adhesive surface for the marzipan. Incribe the name and arrange the almonds carefully around the base. Pour the sauce as illustrated.

Note
This is a traditional dessert from the south of France for the young bride-to-be

■ *Colombier*

Zutaten
Colombier *
geschälte und geröstete Mandelscheiben
Rosa und grünes Marzipan
Brombeer- und Vanille-Saucen
Aprikosen-Gel

Zubereitung
Den Kuchen nach dem Backen und Auskühlen leicht glasieren, um eine gut klebende Fläche für den Marzipan zu schaffen. Den Namenszug darauf anbringen und die Mandeln rund herum ankleben. Die Saucen gemäss Foto auftragen.

Anmerkung
Dies ist ein für die Braut bestimmtes Dessert aus Südfrankreich.

■ *La Colombaia*

Ingredienti
Base Colombaia*
Marzapane rosa e verde
Salse di more e vaniglia
Mandorle filettate arrostite
Gelatina di albicocche

Preparazione
Dopo aver cucinato e fatto raffredare la base,glassatela leggermente in modo che il marzapane aderisca bene. Scrivere il nome e sistemate delicatamente le mandorle intorno alla base. Per la guarnizione delle salse, vedere la foto.

Note
Questa è una ricetta tradizionale del sud della Francia per le future spose.

Blancmange

Ingredients

Blancmange * Blueberry sauce
Blueberries Redcurrants
Blackcurrants Mint leaves

Method

Shape the blancmange in square molds. Cool in a refrigerator, remove and arrange the plate. Decorate with the sauces and the sprigs of redcurrants and blackcurrants.

Blancmanger

Zutaten

Blancmanger* Heidelbeer-Sauce
Heidelbeeren Rote Johannisbeeren
Cassis Pfefferminzblätter

Zubereitung

Blancmanger in der Form zu Würfeln formen. Im Kühlschrank kühlen. Form entfernen und die Würfel auf dem Teller anrichten. Mit den Saucen und Rispen von roten Johannisbeeren und Cassis dekorieren.

Il Bianco Mangiare

Ingredienti

Biancomangiare* Salsa di more
More Ribes rossi
Ribes neri Foglie di menta

Preparazione

Mettere il bianco mangiare in stampi quadrati. Raffreddare in frigorifero. Rimuovere disporlo nel piatto decorandolo con le salse e I ramoscelli di ribes neri e ribes rossi.

Elégance
An arrangement of a two-coloured scooped watermelon

Eleganz
Zweifarbige Melonenkugeln o. Wassermelonen-Skulptur

Eleganza
Composizione bicolore di palline di anguria

The plate dessert is a fairly recent phenomenon in the catering and patisserie arena. At one time leading establishments promoted the dessert trolley as a means of delighting their clients with a variety of superb displays to tempt the eyes and tastebuds of the gourmand.

To day a considerable number of chefs are owners of their own restaurants and tend to place little emphasis on the tradition of the grandly presented dessert trolley. They refer to the difficulty of maintaining a fresh and appetizing selection and also cite the problems of presentation and service.

The professional initiative of certain restaurateurs however has resulted in the rebirth of a new speciality in the catering profession, the plate dessert.

The traditional master of this specialist field, the pastry chef, is accustomed to working to an almost scientific discipline and sometimes needs to seek creative inspiration from his colleague the cook, who is far less constrained by technical demands.

The final artistic decoration and presentation, the freshness of the dessert itself, and the effect of surprise created by the finished dessert, combine to ensure a taste and presentation which will delight the consumer.

The plate dessert will, we believe, join those other great culinary traditions and create for itself a permanent place in the annals of international cuisine.

Das Teller-Dessert ist ein Phänomen der neueren Zeit in der Restaurations- und Patisserie-Domäne. Während langer Zeit haben führende Häuser den Dessertwagen privilegiert, um damit Auge und Gaumen des Gourmands anzusprechen.

Heute sind viele Küchenchefs Besitzer von eigenen Restaurants und wollen die Tradition des Dessertwagens nicht mehr weiter pflegen. Sie wissen, wie schwierig es ist, eine frische und appetitliche Auswahl zu präsentieren und zu servieren.

Die professionelle Initiative einiger Restaurateure hat einer neuen Spezialität, dem Teller-Dessert, zum Aufschwung verholfen. Der traditionelle Meister in dieser Sparte, der Chef Patissier, der es gewohnt ist, auf fast wissenschaftliche Weise zu arbeiten, holt sich oft kreative Inspiration vom Koch, der sich weniger durch anspruchsvollen Techniken einengen lässt.

Die künstlerische Gestaltung und Präsentation, die Frische des Desserts selber, und der durch die fertige Dessert-Kreation ausgelöste Überraschungseffekt regen immer wieder die Neugier der Gäste an.

Wir glauben, dass sich das Teller-Dessert neben den grossen kulinarischen Traditionen einen dauerhaften Platz erobert und in die Geschichte eingehen wird.

Il Dessert al Piatto è un fenomeno alquanto recente nel campo della ristorazione e della pasticceria. In effetti, è da poco che se ne parla; I ristoranti altamente rinomati, hanno per lungo tempo privilegiato il carrello dei dolci volendo ingolosire l'occhio del cliente.

Oggi un considerevole numero di chef è anche proprietario del ristorante e tende a sopprimere questo sistema rivendicando un reale problema di mantenimento della qualità e assortimento fresco e appetibile nonché motivi di presentazione e servizio.

E' dunque per il risultato di una acuta coscienza professionale di alcuni ristoratori che abbiamo visto nascere o rinascere una nuova specializzazione nei mestieri del gusto.

Erede naturale di questa specialità, il Pasticcere „detto " di negozio" in possesso di una scienza esatta manca alcune volte di creatività e deve fare appello al suo collega cuoco molto meno limitato dagli imperativi tecnologici.

Il tocco decorativo finale, la presentazione, la freschezza del dessert stesso, l'effetto sorpresa creata dal dessert finito,assicura la combinazione di gusto e presentazione che soddisferà la curiositàgustativa del consumatore. Noi crediamo che, il dessert al piatto con questa tendenza si unirà ad altre grandi tradizioni culinarie, creandosi uno spazio permanente nella storia della cucina internazionale.

■ *Pear Grenoble*

Ingredients
One carefully selected poached pear
Walnut financier *
Flavoured blackcurrant pastry cream

Whipped egg whites
Blackcurrants
Mint leaves

Method
Poach the pear and remove the pips at the base. After cooling garnish with the blackcurrant cream. Arrange a bed of blackcurrants in the individual dish and place the pear in the middle. Pour the mix of egg whites and financier around. Bake for 15 minutes at 425°F. add the mint and serve.

Advice
Always very well received and easy to make, this dessert is ideal for serving to a large number of people.

■ *Birne Grenobler-Art*

Zutaten
Eine sorgfältig ausgewählte, in Sirup pochierte Birne
Baumnuss-Financier*
Gewürzte Cassis-Patisseriecreme

Cassis
Pfefferminzblätter
Eischnee

Zubereitung
Die Birne pochieren und das Kerngehäuse von unten entfernen. Nach dem Auskühlen mit Cassiscreme füllen. Auf dem Teller ein Cassis-Bett anrichten und die Birne in die Mitte setzen. Die Mischung aus Eischnee und Financier darum herum dressieren. Zirka 15 Minuten im 220°C heissen Ofen backen.
Mit Pfefferminzblättern dekorieren und servieren.

Tipp
Dieses beliebte und leicht herzustellende Dessert ist geeignet für eine grosse Gästeschar.

■ *Pera alla Grenoble*

Ingredienti
Una pera sbollentata delicatamente nello sciroppo
Chiare d'uovo montate a neve
Crema pasticcera aromatizzata con I ribes neri

Financier di Noci*
Ribes neri
Foglie di menta

Preparazione
Sbollentare la pera e togliere il seme dalla base. Dopo averla fatta raffreddare,guarnirla con la crema ai ribes. Disporre nel fondo di un piatto I ribes e mettergli sopra la pera. Aggiungere intorno alla pera il mix di chiare d' uovo e financier di noci. Infornare per 15 minuti a 220°C. Aggiungere, prima di servire, le foglie di menta.

Consigli
Essendo questo piatto molto facile da realizzare, è l' ideale per un gran numero di persone.

Note When making very elaborate plate decoration, always have a good mise en place of ready decorated plates covered with plastic film.

Anmerkung: Für zeitraubende Dekorationen immer eine ausreichende Mise en Place, mit Plastik abgedeckt bereithalten.

Note Essendo la decorazione di taluni piatti molto elaborata, si consiglia vivamente di avere una buona mise en place di piatti decorati e coprirli con pellicola.

■ The Durian-King of Asia

Ingredients

Durian biscuit*
Vanilla syrup
Italian meringue
Chocolate stem and leaf
Durian mousse*
Vanilla sauce
Apricot gel

Method

Half fill a 8 cm half - egg mold with the durian mousse. Cover with a durian biscuit of slightly smaller proportions which has been soaked with vanilla syrup. Top up the mold with more durian mousse and finish off with another durian biscuit.
Glaze the top at half height with apricot gel, pipe the Italian meringue and flash it slightly.

■ Durian - König aus Asien

Zutaten

Durian-Biskuit*
Durian-Mousse*
Vanille-Sirup
Vanillesauce
Schokolade, Stange und Blatt
Aprikosen-Gel
Italienische Meringuemasse

Zubereitung

Eine 8 cm Halbei-Form zur Hälfte mit Durian-Mousse füllen. Mit einer Lage mit Vanille-Sirup getränktem Durian-Biskuit, das etwas kleiner ist als die Form, bedecken. Die Form mit zusätzlichem Durian-Mousse füllen und abschliessen mit einer Lage Durian-Biskuit. Nach dem Auskühlen aus der Form nehmen, mit Aprikosen-Gel nappieren, die italienische Meringemasse darauf dressieren und leicht Farbe annehmen lassen.

■ Il Duriano - Re dell'Asia

Ingredienti

Biscotti al Duriano*
Mousse di Duriano*
Sciroppo di vaniglia
Merighe all'italiana
Foglia e stelo in cioccolato
Salsa di vaniglia
Gelatina di albicocca

Preparazione

Riempire per metà uno stampo della misura di 8 cm a forma di mezzo uovo con la mousse di Duriano. Aggiungere I biscotti in proporzioni minori, precedentemente imbevuti nello sciroppo di vaniglia. Finire con un altro strato di mousse e per ultimo di biscotti. Non appena rappresa, rimuovere dallo stampo, nappare con la gelatina, meringare e fiammeggiare.

Golden Cup

Cup in pastillage entirely covered with gold leaves. Served with small Florentines.* Orchid in pulled sugar.*

Goldkelch

Pastillage-Kelch mit Goldblatt abdecken. Mit kleinen Florentinern* servieren. Orchideen aus gezogenem Zucker.

Coppa d'oro

Coppa in pastigliaccio interamente rivestita con foglie d'oro. Servita con piccoli fiorentini*. Orchidee realizzate con zucchero tirato.

■ Apple Doily

Ingredients
Bi-coloured biscuits
Caramel Bavarian *
Syrup with calvados
Fresh apples (Granny Smith)
Calvados sauce
Apricot gel

Method
Line a mold with the biscuits, the bottom soaked with calvados. Top up with caramel mousse. After setting arrange the slices of apple slightly poached in a lemoned syrup. Glaze the buttered apple slices in the oven until a golden colour.
Arrange and serve quickly.

Advice
Care should be taken when cooking the caramel. The taste should be strong but not bitter.

■ Apfel -Spitzendecke

Zutaten
Zweifarbiges Biskuit
Karamel-Bavarois*
Frische Äpfel (Granny Smith)
Sirup mit Calvados
Calvados-Sauce
Aprikosen-Gel

Zubereitung
Eine runde Biskuitform, deren Boden mit Calvados-Sirup bedeckt ist, mit Karamel-Bavarois füllen und auskühlen lassen. Die in Zitonensirup leicht gekochten Apfelscheiben rings herum dressieren. Die bebutterten Apfelscheiben im Ofen leicht bräunen. Anrichten und sofort servieren.

Tipp
Vorsicht beim Kochen des Karamels. Es sollte intensiv schmecken, aber nicht bitter sein.

■ Centrino di Mela

Ingredienti
Biscotti bicolore
Bavarese al caramello*
Sciroppo al Calvados
Mele fresche (Granny Smith)
Salsa di Calvados
Gelatina di albicocche

Preparazione
Rivestire la parte circolare e la base dello stampo con I biscotti. Bagnare il fondo con lo sciroppo di Calvados. Riempire con la bavarese al caramello e porre sopra una fetta di mela imbevuta con dello sciroppo al limone. Imburrare le fette di mela e glassarle al forno fino al raggiungimento di una colorazione dorata. Disporre sul piatto e servire subito.

Note
Attenzione a quando si prepara il caramello. Il sapore deve essere forte ma non amaro.

■ *Surprise*

Ingredients
Banana cake with brazil nut*
Surprise tulipan dough *
Two coloured chocolate ribbon
Coffee sauce
Custard cream fan*
Sweet whipped cream

Method
Wrap the banana cake in a tulipan dough. Arrange the sauce, the fan whipped cream and the custard cream fa together with the ribboned bow.

■ *Überraschung*

Zutaten
Bananenkuchen mit Paranüssen*
Überraschungs-Hippenteig*
Zweifarbige Schokoladenschleife
Kaffee-Sauce
Fächer aus Patisserie-Creme*
Süsse Schlagsahne

Zubereitung
Den Bananenkuchen in Hippenteig einhüllen. Mit Sauce, Schlagsahne, Fächer und Schleife dekorieren.

■ *La Sorpresa*

Ingredienti
Torta alla banana con noci brasiliane*
Pasta Tulipano*
Nastro bicolore in cioccolato
Salsa al caffè
Ventaglio di crema pasticcera*
Crema Chantilly

Preparazione
Mettere la torta alla banana all'interno dell' impasto Tulipano. Chiudere con un fiocco realizzato con il nastro al cioccolato e disporlo sul piatto insieme al ventaglio e la crema Chantilly.

■ *Prune and Pine Kernel Terrine on Pistachio Sabayon*

Ingredients

Prune terrine*
Pistachio sabayon
Prunes
Physalis
Pine kernel
Melon and kiwi fruits
Mint leaves

Method

Prepare the terrine in a triangular mold. Cut and place a slice in the center of the pre - arranged fruits. Serve with a pistachio sabayon dotted with pine kernel

■ *Dörrpflaumen-Terrine mit Pinienkernen und Pistazien-Sabayon*

Zutaten

Dörrpflaumen-Terrine*
Pistazien-Sabayon
Dörrpflaumen
Physalis
Pinienkerne
Melone und Kiwi
Pfefferminzblätter

Zubereitung

Die Terrine in einer dreieckigen Form zubereiten. In Scheiben schneiden und eine Scheibe in die Mitte der schön angerichteten Früchte geben. Mit Pistazien-Sabayon, bestreut mit Pinienkernen, servieren.

■ *Terrina di Prugne secche con Pinoli e Zabaione di Pistacchio*

Ingredienti

Terrina di prugne*
Zabaione di Pistacchio
Prugne secche
Alchechengi
Pinoli
Melone e kiwi
Foglie di menta

Preparazione

Preparare la terrina utilizzando uno stampo triangololare. Disporne una fetta al centro di un piatto precedentemente decorato con la frutta. Servire con lo zabaione puntinato di pistacchi.

■ *Mandarin Pancakes ChaudFroid*

Ingredients
Three pancakes
Mandarin zests filling *
Mandarin sherbet *
Mandarin sauce *
Skinless mandarin quarters

Method
Fill 3 small pancakes with the mandarin filling and coat with the very hot sauce. Dot with the mandarin quarters and sprinkle with lightly coloured zests. Finish off with the pre - prepared mandarin sherbet quenelles.

■ *Mandarinen-Pfannkuchen heiss-kalt*

Zutaten
Drei Pfannkuchen
Mandarinenschalen-Füllung*
Mandarinen-Sorbet*
Mandarinen-Sauce*
enthäutete Mandarinenschnitze

Zubereitung
Drei kleine Pfannkuchen mit Mandarinen-Füllung* belegen und mit sehr heisser Sauce übergiessen. Mandarinenschnitze darauf geben und mit leicht gebräunter Mandarinenschale bestreuen. Drei Knödel aus Mandarinen-Sorbet dazu anrichten.

■ *Caldo-Freddo di Crepes al mandarino*

Ingredienti
Tre Crepes
Julienne di buccia di mandarino*
Sorbetto di mandarino*
Salsa al mandarino*
Spicchi di mandarino senza pelle

Preparazione
Spalmare su ogni crepe la farcitura al mandarino, ripiegare e ricoprire con la salsa molto calda. Apporre sopra le crepes gli spicchi di mandarino leggermente velati con la julienne. Per ultimo disporre sul piatto insieme alle crepes il sorbetto al mandarino a quenelles.

■ Lover's Dessert

Ingredients
Rose parfait*
Almond meringue*
Poached thyme meringue
Rose jelly
Mint jelly

Method
Place a piece of Almond meringue in a heart shaped mold and fill completely with rose parfait. Harden in the freezer and then glaze the top. Arrange the dessert and the poached meringue in the plate.

■ Dessert für Verliebte

Zutaten
Rosenparfait*
Mandel-Meringuemasse*
Schaumpudding mit Thymian
Rosengelee
Pfefferminzgelee

Zubereitung
Etwas Mandel-Menringuemasse in eine Herzform geben und ganz mit Rosengelee füllen. Im Tiefkühler fest werden lassen. Die Oberfläche glasieren. Herzen und Schaumpudding auf dem Teller anrichten und gemäss Foto dekorieren.

■ Semifreddo alla rosa

Ingredienti
Semifreddo alla rosa*
Meringa di mandorle*
Meringa al timo
Gelatina alle rose
Gelatina alla menta

Preparazione
Rivestire uno stampo a forma di cuore con la meringa alle mandorle quindi riempirlo del tutto con il semifreddo alla rosa. Porlo nel congelatore fino a indurimento e glassare. Disporre sul piatto il dessert e la meringa come mostrato nella foto.

Majestic
*Blow sugar swan * set up with smooth raspberry, chocolate and coffe macaroons. **

Der Majestätische
Schwan aus Zucker blasen und mit weichen Himbeer-, Schokoladen- und Kaffee-Makronen* umgeben.*

Il Mastoso
Cigno in zucchero di canna guarnito con un assortimento di amaretti ai lamponi, al cioccolato e al caffè.*

GREECE

Green Apple Crown

Ingredients
"Pâte à choux" crown
Green apples (Granny Smith)
Green apple sherbet *
Corinthe raisins
Butter
Sugar
Calvados and calvados sauce

Method
Simmer the green apple dices with a small piece of butter. Sweeten as required. When the apples are cooled before becoming a puree, add the raisins previously macerated in calvados. Baste with calvados and flame. Garnish the "Pâte à choux" crown and arrange the slices of apple, first baked in the oven, on greased aluminium foil or cook in a greased saucepan, on top. Place the sherbet and the apple fan in the center before serving.

Serving Suggestions
The garnish mixture can be prepared in advance and warmed and flamed as required.

Poached Pears Soup in Citrus and Blackcurrant Wine

Ingredients
Soup with citrus and blackcurrant Wine *, Pears, Mint leaves

Method
Bring the soup to the boil. Continue to simmer whilst the pears are being poached. Strain and keep in cool place. If the consistency of the soup is too liquid, cook it again after removing the pears.

Krone mit grünen Äpfeln

Zutaten
Windbeutelteig *-Krone   Butter
Grüne Äpfel (Granny Smith)   Zucker
Grünapfel-Sorbet*
Korinthen
Calvados und Calvados-Sauce

Zubereitung
Schnitze von grünen Äpfeln mit wenig Butter köcheln lassen. Nach Bedarf zuckern. Wenn die Äpfel weich sind, aber nicht zu Mus verkocht, die zuvor in Calvados marinierten Korinthen beigeben. Mit Calvados begiessen und flambieren. Die Windbeutel-Krone garnieren mit den Apfelschnitzen, die zuvor auf einer bebutterten Aluminiumfolie im Ofen oder in einer ausgebutterten Pfanne überbacken wurden. Das Sorbet und den Fächer aus Apfelschnitzchen in die Mitte geben vor dem Servieren.

Serviervorschlag
Die Apfelgarnitur kann im Voraus zubereitet und bei Bedarf aufgewärmt werden.

Birnen in heissem Zitrus-Cassis-Wein

Zutaten
Weinsuppe mit Zitrusfrüchten und Cassis*
Birnen   Pfefferminzblätter

Zubereitung
Die Weinsuppe zum Kochen bringen. Köcheln lassen, während die Birnen pochiert werden. Abseihen und kühl stellen. Falls die Suppe nach der Entnahme der Birnen zu dünnflüssig ist, diese etwas einkochen.

Corona di Mela Verde

Ingredienti
Corona di pasta bigné   Burro
Sorbetto alla mela verde*   Zucchero
Mele verdi (Granny Smith)
Uvetta di Corinto
Calvados e salsa di Calvados

Preparazione
Tagliare a dadi le mele e cuocerle a fuoco lento con una noce di burro. Zuccherare a piacimento. Quando le mele sono cotte, prima che diventino purée, aggiungere l'uvetta fatta precedentemente macerare nel Calvados. Fiammeggiare con il Calvados. Guarnire con la corona di pasta bigné e apporre le fette di mele, cucinate al forno, su carta d'alluminio unta o in una casseruola imburrata. Aggiungere il sorbetto ed il ventaglio prima di servire.

Consigli
La farcitura della corona può essere preparata precedentemente e riscaldata alla fiamma quando occorre.

Zuppa di Pere in Vino di Agrumi e Ribes neri

Ingredienti
Zuppa di vino di agrumi e ribes neri*
Pere   Foglie di menta

Preparazione
Portare la zuppa a ebollizione. Continuare a farla cuocere a fuoco lento mentre le pere vengono sbollentate. Filtrare la zuppa e farla raffreddare. Se la consistenza della zuppa fosse troppo liquida, togliere le pere, e continuare a cucinare.

■ *Pavlova*

Ingredients
Pavlova meringue
(poached in hot oven)
Sweet whipping cream
Fresh plums
Kiwi
Peach Sauce

Method
Cover the dome of the meringue completely with whipped cream. Arrange the kiwi slices around the base and the plum quarters on top.

■ *Pavlova*

Zutaten
Pavlova-Meringuemasse
(im heissen Ofen pochiert)
Süsse Schlagsahne
Kiwi
frische Pflaumen
Pfirsichsauce

Zubereitung
Die Meringue-Halbkugel ganz mit Sahne bedecken. Die Kiwi-Scheibchen rund herum anordnen und Pflaumenstückchen darauf geben.

■ *Pavlova*

Ingredienti
Meringa Pavovla (cucinata in forno caldo)
Crema Chantilly
Prugne fresche
Kiwi
Salsa alla pesca

Preparazione
Rivestire del tutto la meringa con la crema chantilly. Disporre attorno alla base le fette di kiwi e apporre sulla parte superiore gli spicchi di prugne.

■ *Provence Delight*

Ingredients

Lavender icecream *
Blackberries
Blackberry sauce
Pâte à choux decoration
Mint leaves

Method
Mold the icecream in small beveled rings. After freezing remove and arrange as illustrated.

Making the "Pâte à Choux" Decorations
The decorations are formed from a slightly hard "Pâte à Choux" (Possibility to add some flour to a cold pate a choux and then sieve it). Pipe with a cone on greased aluminium foil or directly onto a greased stainless steel form. These decorations keep well in a dry place. Avoid careless handling. This particular decoration is dedicated to the celebrated "Popelini" the originator of "Pâte à Choux"

■ *Köstlichkeit aus der Provence*

Zutaten

Lavendeleis*
Brombeeren
Brombeer-Sauce
Windbeutelteig-Dekoration
Pfefferminzblätter

Zubereitung
Eis in schrägkantige Ringe füllen. Nach dem Gefrieren, Ringe entfernen und wie auf dem Bild arrangieren.

Herstellen der Windbeutelteig-Dekoration
Die Dekoration wird hergestellt aus einem nicht zu festen Windbeutelteig (es ist möglich, einem kalten Windbeutelteig etwas Mehl zuzufügen und abzusieben). Mit einer Tüte auf eine gefettete Aluminiumfolie oder direkt in eine gefettete Form aus rostfreiem Stahl spritzen. Diese Dekoration lässt sich gut an einem trockenen Ort aufbewahren und muss sorgfältig behandelt werden.
Diese spezielle Dekoration ist dem berühmten Patissier „Popelini" gewidmet, dem Erfinder des Windbeutelteigs.

■ *Gelato di Provenza*

Ingredienti

Gelato alla lavanda*
More
Salsa di more
Decorazioni di Pasta Bigné
Foglie di menta

Preparazione
Mettere il gelato in piccoli stampi circolari smussati. Dopo averli messi nel congelatore, rimuoverli dallo stampo e disporli come illustrato nella foto.

Realizzazione delle decorazioni in pasta Bigné
Le decorazioni sono fatte partendo da un impasto duro. (Se aggiungete la farina all'impasto, setacciatela). Ornate con un cono unto realizzato con un foglio di alluminio o direttamente sulla forma d'acciaio anch'essa unta. Queste decorazioni vanno tenute lontane dall'umidità.
Evitate di maneggiarle con le mani. Questa particolare decorazione è un omaggio al celebre pasticcere "Popelini" inventore della pasta Bigné

Back from the Market
(Lemon sorbet in an ice basket)

Zurück vom Markt
Orangen-Sorbet in aus Eis geschnittenen Korb

Ritorno dal mercato
Sorbetto all'arancia in un cestro di ghiaccio intagliato

Culinary offering that combine sweetness of taste and a high visual appeal have long been a source of great temptation to the human palate. The dessert arouses the same keen interest in cooking in general and in consequence sometimes provokes a certain rivalry amongst chefs whose knowledge of the speciality is limited.

It's certainly true that the responsibility to provide a fitting conclusion to the meal in the form of a dessert, lies with the pastry chef. And it is his inspiration which will create a final and long lasting effect, the memory of which will remain always with the consumer.

The profession of the pastry chef is not one which can easily be classified, whatever criteria are applied, nor can its popularity be judged with any accuracy, since all professions maintain a degree of solidarity and no one speciality takes precedence over another.

The special importance of the dessert however can perhaps best be summarized by quoting the words of one particular chef, "As every good drama leads the audience to an exciting and satisfying conclusion, so every fine meal is not complete without a dessert of appropriate quality."

Kulinarische Köstlichkeiten, die sowohl der Vorliebe für Süsses wie mit ihrem appetitlichen Äusseren auch dem Auge schmeicheln, waren schon immer sehr begehrt. Deshalb kommt der Zubereitung von Desserts in der Küche eine grosse Bedeutung zu.

Manchmal führt dies zu Rivalitäten unter Chefs, die in dieser Sparte nicht optimal ausgebildet sind. Es stimmt, dass die Aufgabe dem Chef Patissier zufällt, mit einem Dessert einen krönenden Abschluss für ein gutes Mahl zu kreieren. Mit seiner Inspiration gelingt es ihm, beim Gast langfristig in Erinnerung zu bleiben.

Die Rolle des Chef Patissiers ist nicht einfach einzuordnen und zu bewerten, weil all Berufssparten wichtig sind und keine Spezialität herausragen sollte.

Die Bedeutung des Desserts kann am besten mit dem Zitat eines früheren Chefs ausgedrückt werden: "So wie jede spannende Geschichte den ungeduldigen Leser zum glücklichen Ende führt, so muss auch ein hervorragendes Mahl mit einem entsprechenden Dessert gekrönt werden."

Origine di tentazione e eccitazione, lo zucchero ha sempre apportato una particolare soddisfazione all'uomo. E' sicuramente per questo motivo che il dessert suscita un cosi' vivo interesse in seno alla cucina in generale.

Da questa situazione nascono occasionalmente delle gelosie da parte dei cuochi che vantano poca esperienza in questo campo. E' vero che è responsabilità del pasticcere concludere il pasto con questo apporto di dolcezza rimanendo più facilmente impresso nella memoria del consumatore.

La professione del pasticcere non è di quelle facilmente classificabili e ancora di meno per quello che è il suo livello di popolarità, poiché tutte le professioni sono solidali e senza prevaricazioni.

L'importanza del dessert è ben illustrata dall'affermazione di un anziano chef " come ogni buona storia che porta il suo lettore alla sua felice fine, ogni buon pasto non potrà che essere concluso con un dessert di appropriata qualitË".

■ Pink Grapefruit and Champagne Bavaroise

Ingredients

Layered pistachio biscuit
Marc champagne Bavarian *
Pink grapefruit mousse *
Marc de champagne syrup
Mint leaves
Strawberry and pistachio sauces
Peeled grapefruit quarters
Apricot gel

Method

This dessert must be made inverted on a rhodoid (plastic sheet) Apply a thin layer of slightly coloured grapefruit mousse. Before it sets, comb and keep cool. Place the rings and pour on the bavaroise. After setting place the biscuit all around and then pour on the grapefruit mousse. End with a layer of biscuit.

■ Bavarois mit rosa Grapefruit und Champagner

Zutaten

Pistazien-Schichtbiskuit
Bavarois mit Marc de Champagne*
Rosa Grapefruit-Mousse*
Sirup mit Marc de Champagne
Pfefferminzblätter
Erdbeer- und Pistazien-Saucen
ausgelöste Grapefruitschnitze
Aprikosen-Gel

Zubereitung

Dieses Dessert muss umgekehrt auf einem Plastik gemacht werden. Eine dünne Schicht schwach gefärbter Grapefruit-Mousse auftragen. Bevor sie fest wird, mit dem Kamm darüber fahren und kühl stellen. Ringe aufstellen und mit Bavarois füllen. Nach dem Festwerden das Biskuit rings herum anordnen und die Grapefruitmousse hinein geben. Mit einer Schicht Biskuit abschliessen.

■ Bavarese al Pompelmo rosa e Vinacce di Champagne

Ingredienti

Biscotti a strati al pistacchio
Bavarese allo champagne*
Mousse di pompelmo rosa*
Sciroppo di champagne
Foglie di menta
Salse di Pistacchio e Fragola
Spicchi di pompelmo sbucciati
Gelatina di albicocca

Preparazione

Per questo dessert, si deve invertire l'ordine di assemblaggio su rodoide (carta oleata). Applicare uno strato di mousse al pompelmo leggermente colorata, prima che la mousse si rapprenda , decorarla con il pettine, quindi metterla in frigo. Una volta rappresa, disporre il biscotto, la mousse al pompelmo e ultimare con ulteriore strato di biscotti.

Note *Quite a lot of desserts require the sauce or coulis to be served on the side in a sauceboat.*

Anmerkung *Bei vielen Desserts muss die Sauce separat in einer Sauciere dazu serviert werden*

Nota *Numerosi sono I dessert che necessitano dell'accompagnamento di una salsa o di un coulis servito in salsiera.*

USA

■ Marble Cheese Cake

Ingredients
Marble cheese cake *
Vanilla and chocolate sauces
Kiwi fruit

Note
This is a typical American cheese cake and originates in California.

■ Marmor-Käsekuchen

Zutaten
Marmor-Käsekuchen*
Vanille- und Schokoladen-Saucen
Kiwi

Anmerkung
Dieser typisch amerikanische Käsekuchen stammt aus Kalifornien.

■ Torta al Formaggio Marbré

Ingredienti
Torta di formaggio Marbré*
Salse di cioccolato e Vaniglia
Kiwi freschi

Nota
Questo è un dolce tipico americano originario della California.

Empress rice with Pink Banana

Ingredients
Empress rice *
Pink banana
Raspberry Sherbet *
Mixture half castor, half brown
Sugar

Method
Mold the rice in a savarin mold. Caramelize the banana slices with the mixture, set up the slices and the sherbet.

Reis Kaiserinart mit rosa Banane

Zutaten
Reis Kaiserinart*
Rosa Banane
Himbeer-Sorbet*
Mischung aus halb Roh- und weissem Zucker

Zubereitung
Den Reis mit einer Savarinform formen. Die Bananenscheiben mit der vorbereiteten Mischung karamellisieren. Die Bananenscheiben hübsch anordnen und das Sorbet auf dem Reis anrichten.

Riso Imperatrice all Banana Rosa

Ingredienti
Riso all'Imperatrice*
Banana rosa
Sorbetto di lamponi
Mix composto da 50% zucchero raffinato, 50% zucchero di canna

Preparazione
Mettere il riso in uno stampo a ciambella. Caramellizzare le fette di banana con il mix di zucchero, disporre quindi le banane e il sorbetto.

Fresh Fruit Mousseline Terrine

Ingredients
Layered Pistachio biscuit   Kirsch syrup
Strawberries, kiwis, peaches and Pistachios
Their sauces
Mousseline cream *

Method
Make the terrine in the traditional way in a curved mold. Sprinkle some diced fruit several times. Cool and remove from the mold and slice with a hot knife.

Terrine mit Obst-Mousseline

Zutaten
Pistazien-Schichtbiskuit
Mousseline-Creme*
Kirsch-Sirup
Erdbeeren, Kiwi, Pfirsiche mit
ihren Saucen
Pistazien

Zubereitung
Die Terrine in traditioneller Weise in einer gerundeten Form zubereiten. Mehrmals frische Fruchtwürfelchen hinein streuen. Kühlen und aus der Form nehmen. Mit einem heissen Messer in Tranchen schneiden.

Mousseline di frutta Fresca

Ingredienti
Biscotti a strati al pistacchio
Crema Mousseline*
Sciroppo Kirsch
Fragole, Kiwi, pesche e la loro salsa
Pistacchi

Preparazione
Fare la terrina nel modo tradizionale utilizzando uno stampo curvo alla base. Distribuire la dadolata di frutta a più riprese. Raffreddare, rimuovere dallo stampo e tagliare le fette con un coltello a lama calda.

■ Raspberry and Chocolate Puff Pastry

Ingredients
Chocolate puff pastry *
Raspberry sabayon
Raspberries
Mint leave
Icing sugar
Cocoa powder

Method
Prepare a chocolate puff pastry and cut into oval shapes with a pastry cutter. Cut and fill the baked pastry with raspberry sabayon (half white wine, half raspberry liquor). Arrange the raspberries and the mint and sprinkle the cover with icing sugar and cocoa powder.

■ Himbeeren in Schokolade-Blätterteig

Zutaten
Schokolade-Blätterteig*
Himbeer-Sabayon
Himbeeren
Pfefferminzblätter
Puderzucker
Kakaopulver

Zubereitung
Den Schokolade-Blätterteig zubereiten und mit einem Blätterteigschneider in ovale Stücke schneiden. In der Mitte durchschneiden und die gebackenen Teigovale mit Himbeer-Sabayon (halb Weisswein, halb Himbeerlikör) füllen. Die Himbeeren und die Pfefferminzblätter hübsch arrangieren und mit Puderzucker und Kakaopulver bestäuben.

■ Pasta sfoglia al cioccolato e fragole

Ingredienti
Pasta sfoglia al cioccolato*
Zabaione di Lamponi
Lamponi
Foglie di menta
Zucchero a velo
Polvere di cacao

Preparazione
Preparare la pasta sfoglia al cioccolato e tagliarla in forme ovali aiutandosi con il tagliapasta. Dopo averle cucinate, tagliarle in due parti e farcirle con lo zabaione di lamponi (per il quale avrete utilizzato metà vino bianco e metà liquore di lampone). Disponete i lamponi e le foglie di menta, per ultimo spolverizzate con zucchero a velo e polvere di cacao.

■ *Fresh from the Forest*

Ingredients
Almond praline icecream *
Wild strawberry sherbet *
Strawberry liquor
Wild strawberry fruit and Sauce
50% dark chocolate and 50% cocoa butter mixture

Method
Place the praline icecream in a mold after setting up the wild strawberry Sherbet. Maintain a hole in the center in which to pour the liquor and freeze again. Finish with the icecream to close the base. Remove and when hardened use the gun to spray on the previously mentioned chocolate mixture (at 100°F).

■ *Waldfrische*

Zutaten
Mandelpralineneis*
Walderdbeeren-Sorbet*
Erdbeer-Likör
Walderdbeeren Früchte und Sauce
50% dunkle Schokolade
50% Kakaobutter-Mischung

Zubereitung
Ein Eisförmchen mit Pralineneis auskleiden und das Erdbeereis hineingeben. In der Mitte ein Loch frei lassen, den Likör hineingiessen. Wieder gefrieren lassen. Mit Eis auffüllen, aus der Form nehmen und wieder kühlen. Die erwähnte Mischung (bei 38° C) mit einer Pistole darüber spritzen.

■ *Il Sottobosco*

Ingredienti
Gelato pralinato alle mandorle*
Sorbetto di Fragole di bosco
Liquore alla fragola
Fragole di bosco fresche e sciroppo di fragole
50% Cioccolato nero
50% Burro di cacao

Preparazione
Riempire un piccolo stampo prima con il sorbetto alle fragole e dopo con il gelato alle mandorle. Fare in modo che al centro ci sia un buco dove mettere il liquore quindi porlo nuovamente nel congelatore. Completare con ancora del gelato. Rimuovere dallo stampo. Decorare utilizzando la pistola nebulizzatrice per la mixura di cioccolato, precedentemente riscaldata a 38°C.

■ *Timbale of Coconut and Raspberry*

Ingredients

Marble chocolate cup
Coconut succès biscuit *
Raspberry mousse *
Coconut Bavarian *
"Pate a choux" triangles

Raspberries
Dry coconut
Apricot gel
Raspberry and vanilla sauces

Method

Mold the cup and its cover then set up the coconut succès, raspberry mousse, succès, coconut Bavarian in the order.

Place the raspberries and the roasted and dry coconut in the center as required.

■ *Kokosnuss- und Himbeer-Timbale*

Zutaten

Marmorierter Schokoladebecher
Kokosnuss-Erfolgsbiskuit*
Himbeer-Mousse*
Kokosnuss-Bavarois*
Dreiecke aus Windbeutelteig

Himbeeren
getrocknete Kokosnuss
Aprikosen-Gel
Himbeer- und Vanille-Saucen

Zubereitung

Becher formen samt Deckel. Kokosnussbiskuit, Himbeer-Mousse, Kokosnussbiskuit, Kokosnuss-Bavarois in dieser Reihenfolge aufeinander schichten. Bei Bedarf die Himbeeren und die gerösteten getrockneten Kokosraspel darauf geben.

■ *Timballo di Cocco e Lamponi*

Ingredienti

Timballo Marbré al cioccolato
Biscotti Succès al cocco*
Mousse di lamponi*
Bavarese alla noce di cocco*
Triangoli di pasta bigné

Lamponi
Cocco secco
Gelatina di albicocche
Salse di vaniglia e lamponi

Preparazione

Riempire il timballo nel seguente ordine: succès al cocco, mousse di lamponi, succès e bavarese.
Apporre i lamponi e in mezzo il cocco secco tostato .

■ *TRAVEL - A SOURCE OF KNOWLEDGE AND WISDOM*

In every age and on numerous occasions, history's travelers have extolled the benefits and great rewards of travel and exploration.

The result of this spirit of discovery has been a whole array of new intellectual and human experiences. The traveler can gain wisdom beyond his years. Understanding need not be a prerogative of the old. it can often come from the experience of, and exposure to, different mores and cultures and can result from the simple exchange of ideas between individuals.

The wisdom of youth can more easily be accepted if one considers the old proverb "Valour waits not for the passing years."

■ *REISEN - EINE QUELLE NEUER ERFAHRUNGEN*

Zu allen Zeiten haben zahlreiche grosse Männer die Bereicherung durch Reisen gepriesen mit dem Schatz an neuartigen Erfahrungen.

Der Entdeckergeist hat auf vielfältige Weise zu einer humanitären und intellektuellen Horizonterweiterung geführt. Unabhängig von seinem Alter kann der Reisende sich grosses Wissen erwerben. Wissen und Weisheit sind kein Vorrecht des Alters, diese können durch kulturelle Erfahrungen, der Konfrontation mit andersartigen Moralvorstellungen und im persönlichen Gedankenaustausch mit Menschen erworben werden.

Die unverbildete Weisheit der Jugend wird durch das Sprichwort unterstützt: Wert entsteht nicht durch die Anzahl Jahre.

■ *VIAGGIARE – UNA SORGENTE DI CONOSCENZA E SAGGEZZA*

In ogni tempo e in numerose occasioni, I viaggiatori della storia hanno decantato I benefici e la grande soddisfazione di viaggiare e esplorare.

Il risultato di questa scoperta spirituale ha dato un nuovo assetto ad esperienze intellettuali e umane. Il viaggiatore esperto può accedere ad una forma di saggezza indipendentemente dalla propria età. Saggezza non è sinonimo di anzianità così come non c'è età per la saggezza, non c'è età per la giovinezza. L'esperienza è prima di tutto il risultato di esercizio di riflessione e applicazione di uno spirito di sintesi su un bagaglio culturale acquisito più o meno rapidamente a secondo dell'educazione familiare il vissuto, e le relazioni sociali.

Giovinezza e saggezza un connubio che è sempre esistito :
"Il valore aspetta non per gli anni che passano"

■ Charlotte d'Agen

Ingredients

Ladies fingers biscuits *
Armagnac Bavarian *
Armagnac Chilboust cream *
Armagnac syrup
Prune sauce
Prunes
Melon
Mint leaves

Method

Arrange a row of ladies fingers in a circle and successively add the biscuit soaked with Armagnac syrup, Bavarian cream, pitted prunes puffed in a light tea syrup and macerated in Armagnac. Finish with a chiboust cream dome to be caramelized with a flash blowtorch using a mixture of equal parts of white and brown sugar.

■ Charlotte d'Agen

Zutaten

Löffelbiskuits*
Armagnac-Bavarois*
Armagnac-Chiboust-Creme*
Armagnac-Sirup
Dörrpflaumen-Sauce
Dörrpflaumen
Melone
Pfefferminzblätter

Zubereitung

Einen Ring mit Löffelbiskuits auskleiden, abwechselnd mit Armagnac getränkte Löffelbiskuits, Bavarois, entsteinte, in schwachem Tee aufgeweichte und mit Armagnac marinierte Dörrpflaumen aufeinander schichten. Abschliessen mit einem Hügel aus Chiboust-Creme und mit einem Gasbläser die mit einer Mischung aus halb Roh- und halb weissem Zucker bestreute Oberfläche karamellisieren.

■ Charlotte d'Agen

Ingredienti:

Savoiardi*
Bavarese all'Armagnac*
Crema Chiboust all' Armagnac*
Sciroppo di Armagnac
Salsa di prugne secche
Prugne secche
Melone
Foglie di menta

Preparazione

Rivestire la parete di uno stampo circolare con I savoiardi, successivamente aggiungere lo sciroppo di Armognac, la Bavarese, le prugne snocciolate precedentemente fatte macerare nell'Armagnac. Finire con la crema di Chiboust a cupola e caramellizzate fiammeggiando, usando un mix di parti uguali di zucchero bianco e zucchero di canna

Wheelbarrow

Chocolate wheelbarrow served with flavoured marzipan fruits. The apricot and the pear are molded around a liqueur shell. *

Schubkarren

Schubkarren aus Schokolade serviert mit parfümierten Marzipanfrüchten. Die Aprikose und die Birne hüllen eine Likörpraline ein.

La Carriola

Carriola di cioccolato servita con frutta di marzapane aromatizzata. L'albicocca e la pera hanno un cuore di caramella al liquore.

■ Chocolate Parfait and Iced Physalis Mousse

Ingredients
Mosaic biscuit *
Chocolate parfait *
Iced physalis mousse *
Chocolate sponge cake
Syrup with creme de cacao
Apricot gel
Kiwi and physalis sauces
Physalis
Butterfly in black and white
Chocolate couverture

Method
Arrange the mosaic biscuit inside the ring. Alternate the soaked sponge cake with the chocolate parfait and the iced physalis mousse.
After freezing, glaze and remove.

■ Schokoladen-Parfait mit geeister Physalis-Mousse

Zutaten
Mosaik-Biskuit*
Schokoladen-Parfait*
Geeiste Physalis-Mousse*
Schokolade-Biskuit
Sirup mit Creme de Cacao
Aprikosen-Gel
Kiwi und Physalis-Saucen
Physalis
Schmetterling aus dunkler und weisser Schokolade-Kuvertüre

Zubereitung
Einen Ring mit Mosaik-Biskuit auskleiden. Abwechselnd mit Creme de Cacao getränktem Schokolade-Biskuit, Schokoladen-Parfait und geeister Physalis-Mousse füllen.
Nach dem Gefrieren glasieren und aus der Form nehmen.

■ Mousse Fredda all'Alchechengi e semifreddo al cioccolato

Ingredienti
Biscotti Mosaico*
Semifreddo al cioccolato*
Mousse fredda di Alchechengi*
Pan di Spagna al cioccolato
Sciroppo con crema di cacao
Gelatina di albicocca
Salse di kiwi e alchechengi
Alchechengi
Farfalla in copertura di cioccolato nero e bianco

Preparazione
Sistemare il biscotto di mosaico dentro un piccolo stampo ad anello. Alternate il pan di Spagna imbevuto di sciroppo al cacao, con il semifreddo al cioccolato e la mousse di alchechengi.
Successivamente al congelamento, nappare e rimuovere dallo stampo.

COLUMBIA

ITALY

■ *Tiramisu*

Ingredients
White sponge cake
Mascarpone mix *
Blueberry, strawberry and kiwis
Fruit sauces
Cocoa powder
Strong black coffee
Maraschino cherries
Sour cream

Method
Soak the first layer of sponge cake thoroughly with the coffee. Garnish with the mascarpone mix and repeat the process twice. Sprinkle with cocoa powder just prior to serving.

Note In this example, gelatine has been added. The traditional Italian recipe contains no gelatine and is served directly in a glass.

■ *Tiramisu*

Zutaten
Heller Biskuitkuchen
Mascarponemix*
Heidelbeeren, Erdbeeren und Kiwi
Fruchtsaucen
Kakaopulver
Starker schwarzer Kaffee
Maraschino-Kirschen
Sauerrahm

Zubereitung
Die unterste Lage Biskuitkuchen ganz mit Kaffee tränken. Mascarpone-Mix draufgeben und diesen Prozess zweimal wiederholen. Kurz vor dem Servieren mit Kakaopulver bestäuben.

Anmerkung
Dieses Rezept wurde mit Gelatine hergestellt. Das traditionelle italienische Rezept enthält keine Gelatine und wird direkt im Glas serviert.

■ *Tiramisu'*

Ingredienti
Pan di Spagna
Mix al mascarpone*
Mirtilli, fragole e kiwi
Cacao in polvere
Caffè nero forte
Ciliegie al maraschino
Creme di vaniglia e cioccolato

Preparazione
Imbibire leggermente il primo strato di pan di spagna con il caffè. Guarnire con il mix di mascarpone e ripetere il procedimento due volte. Spolverizzare con il cacao in polvere poco prima di servire.

Nota
Nella foto che vedete, è stata aggiunta la gelatina. La ricetta tradizionale italiana non la contiene e il Tiramisù è servito su una coppetta di vetro.

Iced Green Apple Souffleé

Diet Cake - Portion 120g = 78 Calories

Ingredients
Red apple
Iced green apple souffle *
Spun sugar
Cocoa powder
Lemon

Method
Pierce an apple with a spoon. Brush lightly with lemon juice to prevent the apple turning black. Place a circular mold on the top edge of the apple and fill with frozen soufflé. Allow to freeze and remove the mold. Place an apple - shaped stencil on the top and sprinkle with cocoa powder.

Advice
Keep a good mise en place of sugar nets Store in a frost - free freezer or in a container with silica gel.

Eis-Soufflé mit grünen Äpfeln

Diät-Dessert - 120 g = 78 Kalorien

Zutaten
Roter Apfel
Geeistes Grünapfel-Soufflé*
Nest aus Zuckerwatte
Kakaopulver
Zitrone

Zubereitung
Einen Apfel mit einem gezackten Löffel einritzen und mit Zitronensaft bepinseln, damit er nicht braun wird. Einen Ring auf dem Apfel anbringen und mit Eissoufflé füllen. Gefrieren lassen und den Ring entfernen. Eine Apfel-Schablone auf das Soufflé legen und mit Kakaopulver bestäuben.

Tipp
Es empfiehlt sich, einen Vorrat an Zuckerwatte-Nestchen herzustellen. Diese können in einem Trockengefrierer oder in einer fest verschlossenen Schüssel mit Silikongel aufbewahrt werden.

Soufflé Ghiacciato alla Mela verde

Dolce dietetico: una porzione da 120 g = 78 calorie

Ingredienti
Una mela verde
Soufflé ghiacciato alla mela verde*
Nidi di zucchero filato
Cacao in polvere
Limone

Preparazione
Scavare la mela con un cucchiaio. Spremere sopra del limone per fare in modo che non diventi nera. Disporre uno stampo a cerchio sul bordo superiore della mela e riempirlo con il soufflé. Lasciarlo Rapprendere nel congelatore. Rimuovere lo stampo, e creare con il cacao in polvere il disegno di una mela sulla parte superiore del soufflé.

Consigli
E' preferibile predisporre una buona scorta di nidi di zucchero. Conservarli nel freezer(ventilato) oppure in contenitori con gel di silice.

■ *From Paris to Bangkok*

Ingredients

Chocolate and hazelnut biscuit *
Gianduja mousse *
Cointreau Bavarian *
Honey
Raspberry sauce
Caramelized hazelnuts
Physalis
Raspberries
Small chocolate sword
Decorations in pâte à choux
Mint leaves

Method

Alternate two layers of biscuit with the Gianduja and Cointreau Bavarian. Follow the decoration as illustrated in the photograph.

Note

The complete set consists of the ice carving basket "Back From the Market" (page 62), "Krathong" (page 124).

■ *Von Paris nach Bangkok*

Zutaten

Schokolade- und Haselnuss-Biskuit*
Gianduja-Mousse*
Cointreau-Bavarois*
Honig
Himbeer-Sauce
Karamellisierte Haselnüsse
Physalis
Himbeeren
Kleines Schwert aus Schokolade
Dekoration aus Windbeutelteig
Pfefferminzblätter

Zubereitung

Zwischen zwei Lagen Biskuit Gianduja-Mousse und Cointreau-Bavarois geben. Dekorieren wie auf dem Bild gezeigt.

Anmerkung

Die Präsentation auf dem Bild zeigt zusätzlich den geschnitzten Eiskorb "Zurück vom Markt" (Seite 62) und "Krathong" (Seite 124)

■ *Da Parigi a Bangkok*

Ingredienti

Biscotti alle nocciole e cioccolato*
Mousse di Gianduia*
Bavarese al Cointreau*
Miele
Salsa di Lamponi
Nocciole caramellizzate
Alchechengi
Piccole spade di cioccolato
Decorazioni in pasta bigné
Foglie di menta

Preparazione

Alternare due strati di biscotti con la mousse di gianduia e la bavarese al Cointreau. Quindi decorate come illustrato nella foto.

Note

Il set utilizzato per la foto comprende anche la scultura in ghiaccio "Ritorno dal mercato" (pag. 62) e "Krathong" (pag.124)

Paradise Island
Pasta al limo filled with coconut cream

Inselraum
[illegible]

Dolcezze dall'Isola
Noce di cocco ripiena e la sua crema

Mexican Sun

Minermidisprane

U Sole e Menomone

■ Assorted Small Soufflés

Ingredients
Three Flavoured pastry cream : la Grande Passion, chocolate and hazelnut Praline
Icing sugar

Method
Prepare the three different flavoured pastry cream mixtures, whip the egg whites and separate into three and mold in the normal way.

Advice
The choice of flavours is important. The mixtures with different consistency will need different filling quantities and baking time. Some experiments are thus needed.

■ *Auswahl an kleinen Soufflés*

Zutaten
Drei Eimassen: Die grosse Passion, Schokolade
und Haselnusspraline
Puderzucker

Zubereitung
Die drei verschieden aromatisierten Eimassen zubereiten, die Eiweisse steif schlagen und in drei Portionen teilen. Wie üblich in Soufflé-Förmchen backen.

Tipp
Die Auswahl der Aromen ist wichtig. Die Mischungen mit verschiedener Konsistenz erfordern grössere oder kleinere Mengen und andere Backzeiten. Es empfiehlt sich zu experimentieren.

■ *Assortimento di piccoli Soufflé*

Ingredienti
Tre creme pasticcere aromatizzate al liquore "La Grande Passion",
al cioccolato e pralinata alle nocciole.
Zucchero a velo

Preparazione
Preparare le tre differenti creme, montare a neve l'albume delle uova e separle nei tre stampi , quindi procedere con la solita cottura dei souffle.

Consigli
Le tre misture, avendo tre differenti consistenze, necessitano di diverse quantità di dosi per ottimizzare la cottura al forno.

Pistachio Profiteroles

Ingredients
"pate a choux"
Pistachio icecream *
Vanilla and chocolate sauces
Raspberries
Roasted pistachio
Icing sugar

Method
Cut three small choux and fill each with a scoop of pistachio icecream. Sprinkle the lids with icing sugar. Coat a heated plate with the hot chocolate sauce and add the vanilla sauce as decoration with the three profiteroles arranged in a triangular pattern. Finally and, of course artistically, add the raspberries and pistachios.

Pistazien- Profiteroles

Zutaten
Windbeutelteig*
Pistazieneis*
Vanille- und Schokolade-Saucen
Himbeeren
Geröstete Pistazien
Puderzucker

Zubereitung
Drei kleine Windbeutel schneiden und jeden mit einer Kugel Pistazieneis füllen. Die Deckel mit Puderzucker bestreuen und aufsetzen. Einen erwärmten Teller mit heisser Schokolade-Sauce ausgiessen, mit Vanille-Sauce und den im Dreieck angeordneten Profiteroles dekorieren. Die Dekoration mit den Himbeeren und den gerösteten Pistazien kunstvoll ergänzen.

Profiteroles al Pistacchio

Ingredienti
Pasta bigné
Gelato al pistacchio*
Salse alla vaniglia e al cioccolato
Lamponi
Pistacchi tostati
Zucchero a velo

Preparazione
Tagliare in due tre piccoli bigné e farcirli ciascuno con una pallina di gelato al pistacchio. Spolverare la parte superiore con lo zucchero a velo. Versare su un piatto la salsa di cioccolato calda, aggiungere la crema di vaniglia e apporvi i tre profiteroles disposti a triangolo e terminare guarnendo con i lamponi e i pistacchi tostati.

■ Peach Mignon

Ingredients
Tri - coloured biscuit
(White, coffee, chocolate)
White peach mousse *
Syrup with peach alcohol
Raspberry and chocolate sauces
Two - coloured chocolate ribbon
Gold leaf

Method
Set up the biscuit in a ring according to the photograph. Place a circle of biscuits in the bottom and carefully top up with the mousse. Place the mosaic biscuit on the top and arrange the sauces and the ribbon. Decorate with gold leaf.

■ Pfirsich Mignon

Zutaten
Dreifarbiges Biskuit
(hell, Kaffee, Schokolade)
Weisse Pfirsich-Mousse*
Sirup mit Pfirsichlikör
Himbeer- und Schokolade-Saucen
Zweifarbige Schokolade-Schleife
Gold-Blatt

Zubereitung
Das Biskuit gemäss Bild in einen Ring geben. Den Boden mit Biskuit auslegen und sorgfältig mit Pfirsich-Mousse füllen. Ein Mosaik-Biskuit aufsetzen, die Saucen und die Schleife arrangieren und mit Gold ausgarnieren.

■ Pesca Mignon

Ingredienti
Biscotti tricolore
(bianchi, caffè e cioccolato)
Mousse alla pesca bianca*
Sciroppo con alcool di pesca
Salse di Lamponi e cioccolato
Nastri bicolore di cioccolato
Foglia d'oro

Preparazione
Disporre i biscotti ad anello seguendo la disposizione che mostra la foto. Posizionare i biscotti a cerchio nel fondo dello stampo e ricoprirli delicatamente con la mousse. Ricoprire con il mosaico e terminare la decorazione con il fiocco e le salse, quindi apporre la foglia d'oro.

■ *Asia Flavour*

Ingredients
Small rambutans
Almond cream
Deep fry dough *
Mango
Mint leaves

Method
Pit the rambutans by slicing the edge and substitute a mango stick. Encase the rambutans in a thin layer of almond cream. Keep cool. Dip the rambutans in the deep fry dough using small chopsticks and fry in oil at 360°F. Slice the mango and roll into a cone shape.

Advice
Use only fruits with a firm consistency.

■ *Asien-Aroma*

Zutaten
Kleine Rambutan
Mandelcreme
Frittierteig*
Mango
Pfefferminzblätter

Zubereitung
Die Rambutan entsteinen, indem man sie auf einer Seite einschneidet und ein kleines Stück Mango einfügt. Die Rambutan mit einer dünnen Schicht Mandelcreme umhüllen. Kühl stellen. Die Rambutan mit Hilfe von Holzstäbchen in den Frittierteig tauchen und im 180° C heissen Öl backen. Die Mango in Scheiben schneiden und in Tütenform einrollen.

Tipp
Nur Früchte mit fester Konsistenz verwenden.

■ *Ripieno d'Asia*

Ingredienti
Piccoli Rambutans
Crema di mandorle
Pasta fritta*
Mango
Foglie di menta

Preparazione
Snocciolare I rambutans incidendo il vertice e sostituirlo con un pezzettino di mango. Introdurre I rambutans in un sottile strato di crema di mandorle . Tenere in frigo. Immergere I rambutans nell'impasto da friggere usando dei sottili bastoncini e frigere in olio a 180°C. Affettare il mango e formare dei coni.

Consigli
Usare solamente frutta fresca e che non sia troppo matura.

■ Black Poppy Seed Soufflé

Ingredients
Soufflé mix
Black poppy seed

Method
Carefully add the poppy seed to the soufflé mix. Pour in a buttered and sugared soufflé mold. Bake and serve quickly.

Advice
Use the poppy seed sparingly to avoid making the soufflé heavy. In general. When baking a soufflé it's a good idea to carry out the operation in two stages. First in a hot oven to ensure that the top of the soufflé is smooth and then at a slightly lower temperature to allow it to bake without burning.

■ Mohnsamen-Soufflé

Zutaten
Soufflé-Mix
Schwarze Mohnsamen

Zubereitung
Die Mohnsamen sorgfältig dem Soufflé-Mix beifügen. In eine gebutterte und gezuckerte Soufflé-Form füllen. Backen und sofort servieren.

Tipp
Mohnsamen sparsam verwenden, damit das Soufflé leicht und zart wird. Es ist empfehlenswert, ein Soufflé in zwei Schritten zu backen. Zuerst in einem heissen Ofen, damit die Oberfläche luftig bleibt und danach bei etwas tieferer Temperatur, damit es nicht zu viel Farbe annimmt.

■ Soufflé di semi di Papavero

Ingredienti
Mix di soufflé
Semi di papavero

Preparazione
Aggiungere delicatamente I semi di papavero al mix. Usare uno stampo imburrato e zuccherato. Servire subito dopo la cottura in forno.

Note
Consigliamo di non esagerare con la quantità di semi di papavero perché appesantiscono l'impasto rendendolo più delicato e fragile. In generale, è buona regola, effettuare la cottura del soufflé in due tempi. Inizialmente a forno molto caldo per dargli un aspetto liscio, successivamente abbassare la temperatura per diminuirne lo sviluppo massimo ed evitare l'eccessiva colorazione.

■ *EXPATRIATION*

A word that evokes the very essence of escaping from the daily routine, the fascination of travel, a promise of adventure, expatriation in fact is often all of these and provides a wealth of memories and a fund of human and professional experiences.

Far from lazing on exotic beaches as many might imagine, the more than 1,400,000 expatriates throughout the world are frequently appointed to highly responsible posts. Their work can involve responsibilities from management, training, education, to personnel and staff consultation.
Introducing ideas, methods and skills to people whose culture and traditions are quite different from one's own, is no easy task.

For the patissier it means adapting recipes to overcome the problems encountered with the varying quality of local products and learning to live and work in a completely different climate.

And these climatic differences directly affect the work of the pastry chef. Fermentation time, sugar conservation, cooling times these all have to be taken into account.

Moving outside our own environment creates a need to adapt our techniques to new situations and inspires new approaches to conventional problems.

It is perhaps to be regretted that with his reputation of expertise in the gastronomic world, the French- professional chef has not seen the full possibilities of international travel and made more attempt to widen his horizons.

■ *AUSWANDERN*

Ein Wort, das den Wunsch hervorruft, der täglichen Routine zu entfliehen, sich der Faszination des Reisens und der Abenteuerlust hinzugeben. Auswandern bedeutet all das und bietet darüber hinaus unvergessliche Erlebnisse und einen Fundus an menschlichen und professionellen Erfahrungen.

Nicht das Faulenzen an exotischen Stränden zieht Millionen von Auswanderern in die Ferne. Oft werden jungen Leuten sehr verantwortungsvolle Posten angeboten. Ihre Arbeit kann vieles beinhalten: Management, Aus-und Weiterbildung, Personalberatung.

Menschen aus ganz anderen Kulturkreisen Ideen, Methoden und handwerkliches Können zu vermitteln, ist keine leichte Aufgabe. Für den Patissier heisst dies, die Rezepte den Produkten des Landes anzupassen und unter anderen Bedingungen in einem anderen Klima zu leben und zu arbeiten.

Gerade die unterschiedlichen klimatischen Bedingungen sind es, die den Chef Patissier herausfordern. Gärungsprozesse, Zuckerkonservierung und Kühlzeiten müssen in Betracht gezogen werden.

Das Arbeiten ausserhalb der gewohnten Umgebung erfordert eine Anpassung der erlernten Techniken an neue Situationen und einen anderen Umgang mit konventionellen Problemen.

Es ist bedauerlich, dass die französischen Küchenchefs trotz ihres sehr guten Rufs in der weltweiten Gastronomie zu wenig Gelegenheiten wahr nehmen, in der Welt herum zu kommen und ihren Horizont zu erweitern.

■ *L'ESPATRIO*

Un termine che evoca la vera essenza di evasione dalla vita quotidiana, il fascino del viaggio, la promessa di avventura. L'espatrio in effetti è tutto questo, provvede a una ricchezza di ricordi, di esperienze umane e professionali.

Lontano dall'ozio su spiagge esotiche come molti immaginano, più di 1.400.000 espatriati da una parte all'altra del mondo sono spesso scelti a posti di alta responsabilità: per il management, la formazione e consulti sia per l'impresa che il personale. Introdurre idee, metodi e abilità a persone la cui cultura e tradizione è molto differente dalla propria, non è un compito facile. Per un pasticcere, questo significa, adattare le ricette, superando I problemi incontrati con la diversa qualità dei prodotti locali, e imparare a vivere e lavorare in un clima completamente diverso.

Queste differenze climatiche agiscono direttamente sul lavoro dello chef pasticcere. Il tempo di lievitazione, la conservazione dello zucchero, I tempi di raffreddamento, tutte cose che vanno prese in considerazione.

Il lavoro oltre frontiera, necessita dunque di una conoscenza professionale e tecnologica certa; ma allo stesso tempo una facilità di adattamento alle numerose situazioni quanto meno diverse e particolari.

ambiente si crea un bisogno di adattare le nostre tencniche a nuove situazioni, e si crea l'avvicinamento a nuovi problemi. Malgrado la nostra reputazione, è un peccato che I professionisti francesi dell'arte culinaria, manifestino così poco interesse alla possibilità di viaggi internazionali.

Peanut Delight

Ingredients
Dacquois biscuit *
Peanut butter cream
Milk couverture coating
Peanut sauce
Cocoa powder
Fresh peanuts
Sweet whipping cream
Mint leaves

Method
Arrange two layers of dacquois biscuit in a rectangular frame with a layer of peanut butter cream in the middle and a thin layer on the top. Allow to cool and coat with the milk chocolate coating. Apply the cocoa powder in strips. Arrange the plate and serve.

Erdnuss-Traum

Zutaten
Dacquois-Biskuit*
Erdnussbutter-Creme
Glasur aus Milchschokoladen-Kuvertüre
Erdnuss-Sauce
Kakaopulver
Frische Erdnüsse
Süsse Schlagsahne
Pfefferminzblätter

Zubereitung
In einen rechteckigen Rahmen zwei Lagen Dacquois-Biskuit mit einer Lage Erdnussbutter-Creme dazwischen und einer dünnen Schicht zuoberst einfüllen. Auskühlen lassen und mit Milchschokolade-Glasur überziehen. Kakaopulver in Streifen darüber stäuben. Den Teller dekorieren und servieren.

Delizia alle Arachidi

Ingredienti
Biscotti Dacquois*
Crema di burro alle arachidi
Copertura di latte
Salsa di arachidi
Cacao in polvere
Arachidi fresche
Panna montata
Foglie di menta

Preparazione
Disporre su una placca rettangolare due strati di biscotti dacquois con uno strato di crema di burro d'arachidi in mezzo ed uno sottile come copertura. Lasciare raffreddare e ricoprirlo con la crema di latte. Applicare delle strisce con il cacao in polvere, quindi mettere su un piatto e servire.

SENEGAL

■ Banana Concorde Cake

Ingredients

Chocolate meringue *
Bitter chocolate mousse *
Banana mousse *
Banana
Lime zests
White rum and chocolate sauces
Icing sugar

Method

Pour a layer of chocolate mousse in a domed timbale mold. After it has cooled and set, pour in the banana mousse and finish with a layer of meringue. Keep cool. At the last minute remove and set up small meringue sticks all around and sprinkle lightly with icing sugar. Serve with shredded banana sprinkled with lemon zests.

■ Bananenkuchen Concorde

Zutaten

Schokoladen-Meringue*
Butter-Schokoladen-Mousse*
Bananen-Mousse*
Banane
Limonenschale
Saucen mit weissem Rum und Schokolade
Puderzucker

Zubereitung

Eine Lage Schokoladen-Mousse in halbkugelförmige Timbaleform geben. Wenn sie fest geworden ist, die Bananenmousse darauf geben und mit einer Lage Meringue abschliessen. Kühl stellen. Im letzten Moment aus der Form nehmen und kleine Meringue-Stückchen ringsum andrücken und leicht mit Puderzucker bestäuben. Servieren mit Bananenscheiben, bestreut mit Limonenschale.

■ Armonia alla banana

Ingredienti

Meringa al cioccolato*
Mousse di cioccolato amaro*
Mousse di banana*
1 Banana
Julienne di buccia di limone
Salse al rum bianco e cioccolato
Zucchero a velo

Preparazione

Porre uno strato di mousse al cioccolato in uno stampo a cupola. Dopo essersi rappreso al freddo, aggiungere la mousse di banana e finire con uno strato di meringa. Porlo al freddo. Rimuoverlo dallo stampo all'ultimo minuto e mascherarlo con piccole meringhe, quindi spolverarlo leggermente con lo zucchero a velo. Servire con fettine di banana a rondelle spolverate con la julienne.

■ Spiked Cocoa

Ingredients

American biscuit (with crackers) *
Ganache
Cocoa cream granite *
Raspberry sauce
Cocoa powder
Mint leaves

Method

Alternate the layers of biscuits and ganache in a semi - spherical mold. Allow to cool. Use some of the ganache to create the spikes with the aid of a spatula and sprinkle with cocoa powder.

■ Kakao mit Stacheln

Zutaten

Amerikanisches Biskuit (mit Crackers)*
Ganache
Kokoscreme-Granité*
Himbeersauce
Kakaopulver
Pfefferminzblätter

Zubereitung

In einer Halbkugel-Form Lagen von Biskuit und Ganache einfüllen. Auskühlen. Etwas von der Ganache benützen, um mit Hilfe eines Spachtels Stacheln zu formen. Mit Kakaopulver bestäuben.

■ Il Porcospino

Ingredienti

Biscotti americani (con crackers)*
Ganache
Granita alla crema di cacao*
Salsa di lamponi
Cacao in polvere
Foglie di menta

Preparazione

Alternare gli strati di biscotti e ganache in uno stampo semisferico. Lasciare raffreddare. Aiutandovi con una spatola, creare delle punte con la ganache. Spolverare con il cacao in polvere.

■ Raspberry Summer Pudding

Ingredients
Thin slices of toast
Raspberry mousse *
Sugar
Raspberries
Raspberry and vanilla sauces
Dark chocolate stars
Mint leaves

Method
Overlap the slices of toast in a circular mold. Saturate with the raspberry sauce and top up with a mousse finishing with a piece of toast. Cool, remove and arrange the plate at the last minute. Pour on a thick raspberry sauce

Note
Although an American speciality, English origins are also claimed for this dessert.

■ Sommerpudding mit Himbeeren

Zutaten
Dünne Toastscheiben
Himbeer-Mousse*
Zucker
Himbeeren
Himbeer- und Vanille-Saucen
Sterne aus dunkler Schokolade
Pfefferminzblätter

Zubereitung
Die Toastscheiben in einer runden Form überlappen lassen. Mit Himbeersauce durchtränken und Mousse darauf geben, mit einer Toastsscheibe zuoberst. Kühlen, aus der Form nehmen und den Teller im letzten Moment anrichten. Mit dicker Himbeersauce übergiessen.

Anmerkung
Obschon dies eine amerikanische Spezialität ist, beanspruchen auch die Engländer deren Ursprung.

■ Pudding estivo ai lamponi

Ingredienti
Fette sottili di pane tostato
Mousse di Lamponi*
Zucchero
Lamponi
Salse di Lamponi e Vaniglia
Stelle di cioccolato nero
Foglie di menta

Preparazione
Sovrapporre le fette di pane in uno stampo circolare. Ricoprire con la salsa di lamponi e per ultima la mousse. Raffreddare, rimuovere, sistemare nel piatto ed aggiungere uno strato di salsa ai lamponi.

Note
Benché sia una specialità americana, gli inglesi reclamano l'origine di questo dessert.

Sweet Box
Lincoln Hat
Abrabam Lincoln style American hat in pastillage with American cookies. Left to right (Top row left: Almond cookies, small brownies, peanut cookies Centre: Walnut cookies, Virginia brownies Bottom: Cream cheese brownies, Uncle Sam's cookies)

L'America
Il cappello in stile americano di Abraham Lincoln in pastigiliaccio con cookies. Da sinistra a destra (in alto a sinistra: biscotti alla mandorla, piccoli biscotti, biscotti di arachidi. Al centro: biscotti alle noci, biscotti Virginia. In basso: biscotti alla crema di formaggio, biscotti dello zio Sam)

Lincolns Zuckerhut
Abraham Lincolns Amerika-Zylinder aus Pastillage mit amerikanischen Plätzchen. Von links nach rechts (oberste Reihe links:Mandelplätzchen, kleine Brownies, Erdnuss-Plätzchen. Mitte: Baumnuss-Plätzchen, Virginia Brownies. Unten: Brownies mit Frischkäse, Onkel Sams Plätzchen)

USA

■ Carrot Cake

Diet Cake : Portion 70g of cake and 40g sauce : 155 calories

Ingredients
Carrot cake *
Red dates
Carrots in marzipan
Vanilla sauce
Mint leaves

Note
An old French saying has it that carrots have the virtue of inducing good humour and character in those who eat these crunchy vegetables. Perhaps it's simply the sweet side of this vegetable which endears it to so many people.

■ Karotten-Kuchen

Diätkuchen: Portion 70g Kuchen und 40g sauce = 155 Kalorien

Zutaten
Karottenkuchen*
Rote Datteln
Marzipan-Karotten
Vanille-Sauce
Pfefferminzblätter

Anmerkung
Ein alter französischer Ausdruck behauptet, dass Karotten bewirken, dass sie denjenigen, die dieses knackige Gemüse essen, Humor und Charakter verleihen. Vielleicht ist es einfach das süsse Aroma, das dieses Gemüse bei vielen Leuten beliebt macht.

■ Torta di Carote

Dolce dietetico: una porzione da 70 g di torta e 40 g di salsa contiene 155 calorie.

Ingredienti
Torta di carote*
Datteri rossi
Carote in marzapane
Salsa di vaniglia
Foglie di menta

Preparazione
Un vecchio detto francese attribuisce alle carote la virtù di portare il buon umore al carattere di una persona. Probabilmente, l'utilizzo di questo vegetale come dolce invece che come tubero sorprende piacevolmente il consumatore.

ITALY

■ Panforte Casereccio

Ingredients
Panforte Casereccio *
Orange and caramel sauce *
Mixed fruit peels
Walnut, almond
Icing sugar

Method
Dust the panforte lightly with icing sugar. Arrange all the ingredients as illustrated in the photograph.

Suggestion
This dessert is at its best when served warm after having been placed for a very short time in the micro - wave which renders it deliciously soft.

■ Panforte Casereccio

Zutaten
Panforte Casereccio*
Orangen- und Karamel-Saucen*
Gemischte kandierte Früchte
Walnuss, Mandel
Puderzucker

Zubereitung
Das Panforte leicht mit Puderzucker bestäuben. Die weiteren Zutaten auf dem Teller arrangieren gemäss Bild.

Serviervorschlag
Dieses Dessert schmeckt am besten, wenn es warm serviert wird, nachdem es ganz kurz in die Mikrowelle gegeben wurde, was es wunderbar weich macht.

■ Panforte Casereccio

Ingredienti
Panforte casereccio*
Salse di arance e caramello*
Frutta mista candita
Noci e mandorle
Zucchero filato

Preparazione
Spolverare leggermente il panforte con lo zucchero filato. Disporre tutti gli ingredienti come mostrato nella foto.

Suggerimenti
Questo dessert si gusta meglio se servito tiepido. Qualche secondo al microonde, lo renderà deliziosamente soffice.

■ *Honey and Walnut Icecream in Tulipan*

Ingredients

Honey and Walnut icecream *
Tulipan flower shape *
Crystallised orange zests candies
Three small orange madeleines *
Honey
Vanilla sauce
Blueberry sauce
Mint leaves

Method

Warm the madeleines in the oven and arrange the icecream scoops in the tulipan biscuit. Arrange the madeleines and serve.

■ *Honig-Walnuss-Eis auf Hippe*

Zutaten

Honig und Walnuss-Eis*
Blume aus Hippenteig*
Kandierte Orangenschale
Drei kleine Orangen-Madeleines*
Honig
Vanille-Sauce
Heidelbeer-Sauce
Pfefferminzblätter

Zubereitung

Die Madeleines im Ofen wärmen und die Eiskugeln auf der Hippenblume anrichten. Mit den Madeleines auf dem Teller ausgarnieren und servieren.

■ *Tulipano Con Gelato di Miele e Noci*

Ingredienti

Gelato di miele e noci*
Fiore a forma di tulipano*
Julienne di canditi d'arancia
Tre piccoli Madeleines all'arancia*
Miele
Salsa di vaniglia
Salsa di more
Foglie di menta

Preparazione

Riscaldare le madeleines nel forno e disporre il gelato all'interno del tulipano. Ornare il piatto con le madeleines e servire.

■ CHINA

On the other side of the world lies the continent of Asia and the vast land mass which consists of China. Can we find there similarities to our own society? Very few. Analogies? Rarely. Certain comparisons? Very unlikely. Only in small ways does their society conform to our values.

In China you will find everything imaginable. What do we know about this enormous country? The Great Wall, the popular revolution, acupuncture, its celebrated traffic jams and the film "The Last Emperor". And then there are inventions and discoveries which have benefited the whole world such as the decimal system, gunpowder, matches, the wheel and petrol as well as natural gas.

But China is first of all home to the most numerous race of people on earth. This great mass of humanity, skilled in many fields - sculpture, painting, their great tradition of acupuncture and herbal medicine, can however, only accomplish change at its own pace.

Can we imagine that this country with such a vast economic potential will ever take its place alongside the world's leading industrial nations. In this continuing situation, faced with daily economic restraints, the Chinese worker understandable follows the maxim "Take full advantage of today, tomorrow things may change completely."

■ CHINA

Auf der andern Seite der Welt liegt der asiatische Kontinent mit dem ausgedehnten Land China. Finden wir dort Gemeinsamkeiten mit unserer Gesellschaft? Sehr wenige. Analogien? Kaum. Gibt es Vergleichbares? Eher unwahrscheinlich. Nur in Wenigem entspricht jene Gesellschaft unseren Wertvorstellungen.

In China findet man alles, was man sich nur vorstellen kann. Was wissen wir über dieses riesige Land? Die Grosse Mauer, die Volksrevolution, Akupunktur, Verkehrschaos und der Film "Der Letzte Kaiser". Und weiter gibt es Erfindungen und Entdeckungen, von denen die ganze Welt profitiert hat, wie das Dezimalsystem, Schiesspulver, Streichhölzer, das Rad, Erdöl wie auch Erdgas.

Aber China ist vor allem die Heimat der zahlenmässig grössten menschlichen Rasse auf der Welt. Diese riesige Menschenmasse mit grossen Fähigkeiten auf vielen Gebieten - Skulptur, Malerei, der grossen Tradition der Akupunktur und Kräutermedizin - kann eine Veränderung nur im eigenen Tempo bewältigen.

Können wir uns vorstellen, dass dieses Land mit dem vielfältigen ökonomischen Potential einmal seinen Platz unter den führenden Industrieländern der Welt einnimmt? In der bestehenden Situation, täglich konfrontiert mit finanziellen Begrenzungen, versteht man den Grundsatz des chinesischen Arbeiters:"Profitiere ausgiebig von dem, was du heute hast, morgen ist vielleicht alles anders."

■ LA CINA

Dall'altra parte del mondo, il continente degli asiatici. Possiamo trovarvi delle similitudini con la nostra società? Possiamo trovargli qualche analogia? Raramente. Fare paragoni ? Difficilmente. Sono pochi i valori in comune. La Cina è al di là di qualsiasi immaginazione e similitudine.

Cosa sappiamo noi di questo grande Paese? La Grande Muraglia, La Rivoluzione Popolare, il riso, l'agopuntura e il film "L'ultimo Imperatore", nonché numerose invenzioni cui il mondo intero ha tratto benefici come il sistema decimale, la polvere da sparo, I fiammiferi, la carriola, il petrolio o meglio ancora il gas naturale. Ma la Cina è molto più di tutto ciò. Parliamo del territorio più popolato al mondo.

Questa enorme quantità di persone , dotata in diversi campi come scultura, pittura, la tradizionale agopuntura e la medicina naturale si evolve al proprio ritmo.

Possiamo immaginare che un paese con queste potenzialità economiche possa un giorno avere un posto accanto ai paesi più industrializzati. In questa situazione in continuo movimento, fronteggiata con dei limiti economici, il lavoratore cinese-procede seguendo la massima "Prendi tutti i vantaggi di oggi, perché domani le cose potrebbero cambiare del tutto"

Avocado Terrine

Ingredients

Avocado terrine *
Citrus fruit sauce *
Avocado
Orange and pink grapefruit
Segments
Candied and coloured orange zests
Crystallized zests

Method

Arrange the avocado terrine artistically with the unskinned orange and grapefruit segments. Add the sauce and decorate with the cristallized zests.

■ Avocado-Terrine

Zutaten

Avocado-Terrine*
Zitrusfrucht-Sauce*
Avocado
Schnitze von Orangen und rosa Grapefruits
Kandierte und gefärbte Orangenschale
Pfefferminzblätter

Zubereitung

Die Avocado-Terrine kunstvoll arrangieren auf dem Teller mit den ausgelösten Orangen- und Grapefruit-Schnitzen. Die Sauce beigeben und mit der kandierten Orangenschale dekorieren.

■ Terrina di Avocado

Ingredienti

Terrina di avocado*
Salsa agli agrumi*
Avocado
Foglie di menta
Spicchi di arancia e pompelmo senza pelle
Julienne di buccia d'arancia candita

Preparazione

Disporre armoniosamente la terrina, gli spicchi di agrumi. Versare la salsa e guarnire con la buccia candita.

■ Sago and Fruit Charteuse

Calorie Content - approximately 100g of sago cake and 40g of sauce = 95 calories.

Ingredients

Sago filling *
Redcurrants
Assorted fresh fruits
Orange and strawberry sauces with Sweetener *
Mint leaves

Method

Mix the diced fresh fruit in the hot sago mixture. Mold in non-adhesive "Dariole" molds. Finish by cooking in a bain-marie, After cooling, remove and arrange on the plate complete with decoration.

■ Sago-Obst-Chartreuse

Diät-Dessert Kaloriengehalt: zirka 100g Sagokuchen und 40g Saucen = 95 Kalorien

Zutaten

Sago-Füllung*
Rote Johannisbeeren
Auswahl an frischem Obst
Orangen- und Erdbeer-Saucen mit Süssstoff
Pfefferminzblätter

Zubereitung

Die fein geschnittenen Früchte in die heisse Sago-Mischung geben. In nicht-klebende "Dariole"-Formen füllen und im Wasserbad kochen. Nach dem Auskühlen, aus der Form nehmen und auf dem Teller anrichten und dekorieren.

■ Chartreuse di Frutta al Sago

Dolce dietetico: una porzione di dolce di circa 100 g e 40 g di salsa = 95 calorie

Ingredienti

Farcitura al sago*
Ribes rossi
Assortimento di frutta fresca
Coulis di fragole e arance allo zucchero dietico*
Foglie di mente

Preparazione

Amalgamare la dadolata di frutta fresca con la farcitura calda al sago. Versare dentro gli stampi antiaderenti "Dariole", finire la cottura a bagnomaria. Raffreddare, togliere dallao stampo e disporre sul piatto con la decorazione.

■ Great Wall of China

Ingredients
Oiled puff pastry *
Red bean paste *
Fresh arbutus (Wild strawberry tree berry) and peach sauces

Method
Wrap a scoop of red bean paste in a layer of oiled puff pastry which has been cut from a circle, and dampen the edge. Use the cutter to fashion the upper portion, taking care each petal is completely separated. Dip in oil at 140°F to facilitate the opening of the lotus and then in 360°F to achieve the desired colouration. This dessert must be served hot.

■ Die grosse Chinesische Mauer

Zutaten
Geölter Blätterteig*
Rote Bohnenpaste*
Saucen von frischen Arbutus (Wilde Baum-Erdbeere) und Pfirsich

Zubereitung
Eine Kugel rote Bohnenpaste in eine Lage geölten Blätterteig einhüllen, die kreisförmig ausgeschnitten und an den Rändern befeuchtet wurde. Mit dem Teigschneider den oberen Teil gestalten und darauf achten, dass die Blütenblätter ganz voneinander getrennt sind. Zuerst in 60° heisses Öl tauchen, damit sich die Lotusblätter öffnen, nachher im 180° heissen Öl die gewünschte Farbe annehmen lassen. Dieses Dessert muss heiss serviert werden.

■ Delizia alla Grande Muraglia

Ingredienti
Pasta sfoglia oleata*
Crema di fagioli rossi*
Salse all'arbuto fresco e alla pesca

Preparazione
Avvolgere una pallina di crema di fagioli all'interno di uno strato di pasta sfoglia oleata precedentemente tagliata a forma circolare e umidificare leggermente. Incidere la parte superiore in otto petali e delicatamente aprirli. Immergerli, inizialmente, in olio a 60°C per farli "fiorire", successivamente a 180°C per ottenere una bella doratura. Servire rigorosamente caldo.

CHINA

The Pinnacle of Pleasure
Chocolate sweetbox filled with homemade chocolates. (Montelimar nougat...) *

Höhepunkt des Vergnügens
Schokoladen-Schatztruhe, gefüllt mit selbstgemachten Pralinen (Montelimar- Nougat)*

Piacere del palato
Scatola realizzata in cioccolato, assortimento di cioccolatini fatti mano (Croccante di Montelimar*)

■ Chocolate Mousse Trio

Ingredients
White, milk and dark chocolate
Three chocolate mousses *
Vanilla, coffee and pistachio sauces

Method
Form the base and the decoration from the three different chocolates.
Arrange the sauces with a cone and pipe the three mousses.

■ Schokoladenmousse-Trio

Zutaten
Weisse, Milch- und dunkle Schokolade
Drei Schokoladen-Mousses*
Vanille-, Kaffee und Pistazien-Saucen

Zubereitung
Die Basis und die Dekoration aus den drei verschiedenen Schokoladen formen. Mit einer Tüte die Saucen auftragen und die Mousses auf die Basisquadrate spritzen.

■ Trio di Mousse al Cioccolato

Ingredienti
Cioccolato bianco, fondente e al latte
Mousse dei tre cioccolati*
Salse al pistacchio, vaniglia e caffè

Preparazione
Preparare le basi e le decorazioni con I tre cioccolati. Decorare il piatto con le salse, aiutandosi con il cornetto, guarnire con le mousse utilizzando la tasca da pasticcera con bocchetta rigata.

Fresh Fig Soup

Ingredients
Fresh figs
Grapefruit and gentian sauce *
Mint leaves

Method
Set up the sliced figs on the plate and in the centre, place one roasted and buttered fig. Pour on the chilled sauce and serve.

Frische Feigensuppe

Zutaten
Frische Feigen
Grapefruit und Enziansauce*
Pfefferminzblätter

Zubereitung
Die Feigenscheiben auf dem Teller anordnen und in die Mitte eine gebutterte und im Ofen gebratene Feige setzen. Geeiste Sauce darüber geben und servieren.

Zuppa di Fichi Freschi

Ingredienti
Fichi freschi
Coulis di pompelmo alla Genziana*

Procedimento
Disporre sul piatto I fichi freschi tagliati a spicchi sottili. Posizionare al centro un fico precedentemente imburrato e infornato. Nappare con il coulis freddo e servire.

Coconut Soufflé

Ingredients
Coconut
Coconut pastry cream *
Egg whites
Ground coconut

Method
Make the soufflé mix with a base of coconut custard cream and add firm whipped egg whites Sprinkle with ground coconut, bake and serve.

Advice
It is vital to place the coconut directly into the baking sheet to ensure correct baking. If desired some coconut meat may be retained. In both cases, butter and sugar the inside of the coconut shell. If the meat is retained, the soufflé will be moist all around but very tasty and present no baking problem.

Kokosnuss-Soufflé

Zutaten
Kokosnuss
Kokosnuss-Patisseriecreme*
Eiweiss
Geraspelte Kokosnuss

Zubereitung
Eine Soufflé-Mischung mit Kokosnuss-Patisseriecreme zubereiten und sehr steife Eiweiss beigeben. Mit geraspelter Kokosnuss bestreuen und backen.

Tipp
Es ist wichtig, die Kokosnuss direkt auf das Backpapier zu setzen, um ein gutes Ergebnis zu bekommen. Auf Wunsch kann etwas Fruchtfleisch in der Kokosschale belassen werden. In beiden Fällen muss das Innere der Kokosschale gut ausgebuttert und gezuckert werden. Wenn das Fruchtfleisch belassen wurde, wird das Soufflé schön feucht und das Backen ist problemlos.

Soufflé di Noce di Cocco

Ingredienti
Noce di cocco
Crema pasticcera alla noce di cocco*
Chiare d'uovo
Polvere di noce di cocco

Preparazione
Preparare la base per il soufflé, partendo dalla crema pasticcera e le chiare d'uovo montate a neve. Farcire la noce di cocco, spolverare con polvere di noce di cocco. Cuocere e servire.

Nota
Per ottenere una cottura ottimale, dovete necessariamente porre la noce di cocco sulla placca da forno. Potete lasciare la polpa o toglierla ma in entrambi I casi, foderare l'interno della noce con burro e zucchero come tutti gli stampi per soufflé. Nel caso in cui si lascia la polpa, la parte del soufflé che rimarrà a contatto perderà di consistenza ma il risultato finale sarà molto saporito senza presentare problemi di cottura

■ Coffee Parfait

Ingredients

Biscuit succès *
Coffee parfait *
Opéra coating *
Vanilla and coffee sauces
Two - coloured chocolate ribbon
Mint leaves

Method

Mold the parfait and cover with almond succès, freeze. Remove by dipping the mold in hot water. Freeze again. Coat it, set up the chocolate ribbon and serve.

Note

This is a truly classic dessert but one which is always appreciated.

■ Kaffee-Parfait

Zutaten

Erfolgsbiskuit*
Kaffee-Parfait*
Opern-Glasur*
Vanille- und Kaffee-Saucen
Zweifarbige Schokoladenschleife
Pfefferminzblätter

Zubereitung

Das Parfait in die Form geben und mit Mandel-Erfolgsbiskuit bedecken. Gefrieren. Aus der Form nehmen, in dem man die Form kurz in heisses Wasser taucht. Nochmals gefrieren. Mit Glasur überziehen, die Schleife darauf setzen und servieren.

Anmerkung

Dies ist ein sehr traditionelles Dessert, das nach wie vor bei allen beliebt ist.

■ Semifreddo al Caffè

Ingredienti

Biscotto Succès*
Semifreddo al caffé*
Glassa Opera*
Salse alla vaniglia e caffè
Fiocchi in cioccolato bicolore
Foglie di menta

Procedimento

Mettere il semifreddo dentro lo stampo, coprire con il succèss, lasciare rapprendere in congelatore. Togliere dallo stampo, immergendolo in acqua calda, rimettere al freddo. Porre sulla griglia e glassare. Disporre I fiocchi al cioccolato al momento dell'ordine e servire rapidamente.

Note

Si tratta di un dolce molto classico ma sempre apprezzato da tutto il pubblico.

Morning Haze
Boysenberry sherbet on snow permafrost

Morgendlicher Dunst
Sorbet aus Riesenbrombeeren auf Eisschnee Steppen

Rugiada Mattutina
Sorbetto di more giganti su faglia di ghiaccio

Samourai
Japanese apple with exotic fruit salad

Samurai
Japanischer Apfel mit exotischem Fruchtsalat

Samurai
Mela giapponese e macedonia di frutta esotica

GERMANY

■ Mixed Spices Bavarian

Ingredients
Mosaic biscuit *
Ginger and chocolat Genoa biscuit *
Cinnamon Bavarian *
Mixed spices Bavarian *
Cinnamon and mixed spices sauces
Physalis
Ginger candy
Mint leaves

Method
Place a mosaic biscuit inside an oval mold. Alternate the Genoa biscuit with the mixed spice Bavarian followed by the cinnamon Bavarian. Allow to cool and after setting sprinkle some ginger candy zests on the top and glaze. Remove and serve with a physalis semi-coated with chocolate placed on the top.

■ Gewürz-Bavarois

Zutaten
Mosaik-Biskuit*
Ingwer-Schokolade-Butterbiskuitmasse*
Zimt-Bavarois*
Gewürz-Bavarois*
Zimt- und Gewürz-Saucen
Physalis
Kandierter Ingwer
Pfefferminzblätter

Zubereitung
Eine ovale Form mit Mosaikbiskuit auskleiden. Butterbiskuitmasse, abwechselnd mit Gewürz-Bavarois und danach Zimt-Bavarois einfüllen. Kühlen und nach dem Festwerden mit fein geschnittenem kandierten Ingwer bestreuen und glasieren. Aus der Form nehmen und mit einer zur Hälfte in Schokolade getauchten Physalis garnieren und servieren.

■ Bavarese alle Spezie

Ingredienti
Biscotto Mosaico*
Pan di spagna al cioccolato e zenzero*
Bavarese alla cannella*
Bavarese alle spezie*
Salse alle spesie e alla cannella*
Alchechengi
Zenzero candito
Foglie di menta

Preparazione
Foderare uno stampo ovale con il biscotto mosaico. Alternare lo strato di pan di spagna con uno di bavarese di spezie e l'altro di bavarese alla cannella quindi mettere in frigo. Una volta rappresosi, aggiungere lo zenzero candito. Gelare e togliere dallo stampo. Apporre un alchechengi immerso per metà in una copertura di cioccolato sulla bavarese e servire.

Mirabelle Whirl

Ingredients
Two wafers *
Sultane cream * with mirabelle
Alcohol
Mirabelle plums
Pomegranate fruit sauce
Angelica
Mint leaves

Method
Fill the wafers with the cream and set up the fruits and cover. Arrange the sauce before serving.

Note
For this dessert the wafers must be crisp and the fruits ripe.

Mirabellen-Waffel

Zutaten
Zwei Waffeln*
Sultancreme* mit Mirabellen-Likör
Mirabellen
Granatapfel-Fruchtsauce
Angelika
Pfefferminzblätter

Zubereitung
Die Waffel mit Creme bedecken und die Früchte hinein setzen. Mit der zweiten Waffel decken. Mit der Sauce garnieren und servieren.

Tipp
Für dieses Dessert müssen die Waffeln knusprig und die Früchte reif sein.

Wafer di Stagione

Ingredienti
Due wafer*
Crema Sultana* con Prugne Mirabelle
Qualche prugna Mirabelle
Coulis di succo di melograno
Angelica
Foglie di menta

Preparazione
Guarnire su ordinazione il wafer con frutta e crema aromatizzata, disporre la composizione sul piatto, versare il coulie e servire.

Nota
Solo due le condizioni principali per la buona riuscita di questo dolce; la freschezza della frutta e la croccantezza del wafer.

Der kleine Chef

Aus Marzipan eine Figur formen und auf verzierten Pastillage-Sockel stellen und mit assortierten Schokoladen-Pralinen (Kaffee-Distel etc.)* garnieren.

The Little Chef

Figure formed with a marzipan base embellished in pastillage and an assorted chocolate display. (Coffee thistle ...) *

Il Piccolo Chef

Personaggio modellato in marzapane e decorazione in pastigliaccio. Assortimento di cioccolatini(cardi al caffè).

■ Crispy Strawberries - Feuillantine

Ingredients
Three almond feuillantines *
Strawberry sultane cream *
Strawberries and kiwis
Peach and strawberry sauces
Physalis
Icing sugar

Method
Fill two slices of feuillantine with the strawberry sultane cream and quarters of strawberries and place one above the other. Sprinkle the third feuillantine with icing sugar and place it on top.

Serving Suggestions
To ensure the feuillantines remain crispy, store them in a dry place and prepare at the last minute.

■ Knusprige Erdbeer-Feuillantine

Zutaten
Drei Mandel-Feuillantine*
Pfirsich- und Erdbeer-Saucen
Erdbeer-Sultancreme*
Physalis
Erdbeeren und Kiwi
Puderzucker

Zubereitung
Zwei Schichten Feuillantine mit der Erdbeer-Sultancreme und geschnittenen Erdbeeren füllen und aufeinander schichten. Die dritte Schicht mit Puderzucker bestäuben und darauf setzen.

Serviervorschlag
Um sicher zu gehen, dass die Feuillantines knusprig bleiben, diese an einem trockenen Ort aufbewahren und im letzten Moment anrichten.

■ Sfogliatina croccante alle fragole

Ingredienti
Tre sfogliatine alle mandorle*
Crema sultana alla fragola*
Fragole e kiwi
Coulis alla fragola e alla pesca
Alchechengi
Zucchero a velo

Preparazione
Disporre due strati di sfogliatine con crema sultana e quarti di fragole. Sovrapporre la terza sfogliatina e spolverizzare con zucchero a velo.

Suggerimenti
Al fine di conservare le sfogliatine croccanti tenele in un luogo asciutto fino al loro utilizzo.

Anise Baba

Ingredients
Savarin *
Syrup at 15° Beaume
Assorted fresh fruits
Vanilla custard
Vanilla sauce with anise liqueur
Physalis
Apricot gel

Method
Simmer the savarin in syrup flavoured with anise. Allow to cool and garnish with custard. Glaze and decorate with assorted fruits.

Anis-Baba

Zutaten
Savarin*
Sirup 1115 dick
Obstauswahl
Patisserie-Creme
Vanille-Sauce mit Anislikör
Physalis
Aprikosen-Gel

Zubereitung
Den Savarin in mit Anis aromatisiertem Sirup köcheln. Auskühlen lassen und mit Patisserie-Creme garnieren. Glasieren und mit assortierten Früchten servieren.

Baba all'anice

Ingredienti
Savarin*
Sciroppo a 15° di Beaume
Frutta fresca assortita
Crema pasticcera
Salsa alla vaniglia e anice
Alchechengi
Gelatina all'albicocca

Preparazione
Immergere il baba nello sciroppo all' anice. A freddo, guarnire con la ccrema pasticcera, nappare e con la gelatina all'albicocca e decorare con la frutta.

Chilled Blackberry and Tapioca Soup

Ingredients

Blackberry and tapioca soup * Pate a choux decoration
Mango sherbet * Mint leaves

Method

Half freeze the ingredients in the icecream machine. Keep in freezer and serve as needed in a soup plate. Place the mango sherbet in the centre and add the decoration.

Geeiste Suppe mit Tapioka und Brombeeren

Zutaten

Brombeer- und Tapioka-Suppe* Brandteig-Dekoration
Mango-Sorbet* Pfefferminzblätter

Zubereitung

Die Zutaten in der Eismaschine halb-gefrieren und im Gefrierschrank aufbewahren. Bei Bedarf in Suppenteller anrichten. Das Mango-Sorbet in die Mitte setzen und dekorieren.

Zuppa Gelata di Tapioca e More

Ingredienti

Zuppa Gelata di Tapioca e More* Decorazione in pasta bigné
Sorbetto al mango* Foglie di menta

Procedimento

Mettere in gelatiera la preparazione facendogli fare metà del ciclo standard e lasciare riposare in freezer. Servire su un piattto fondo, al momento delle comanda, mettere una pallina di sorbetto al centro e successivamente la decorzione.

Pear Puff Pastry

Ingredients

Triangular shaped puff pastry Raspberry
Sultane cream * Icing sugar
Macerated pears in williamine Sweet whipped cream
Caramel sauce (Make a caramel Mint leaves
And decuire with butter and
fresh cream)

Method

Cut the top and the base of the puff pastry and garnish with the sultane cream. Shred the pears in a fan shape as illustrated. Pour the sauce over the pears, arrange the puff pastry cover and sprinkle with icing sugar. Finally rose pipe the whipped cream with the raspberry and mint.

Birne im Blätterteig

Zutaten

Blätterteig-Dreieck Himbeere
Sultan-Creme* Puderzucker
In Williamine marinierte Birnen Süsse Schlagsahne
Karamel-Sauce Pfefferminzblätter
(Den Karamel mit Butter und Sahne einkochen)

Zubereitung

Den Blätterteig-Deckel und den grössten Teil des Bodens wegschneiden und mit Sultan-Creme garnieren. Die Birnen gemäss Bild fächerartig anordnen. Die Sauce über die Birnen geben, den Blätterteigdeckel aufsetzen und mit Puderzucker bestäuben. Schlagsahne aufspritzen, mit Himbeere und Pfefferminzblättern garnieren.

Sfogliatina di Pere

Ingredienti

Triangolo di pasta sfoglia Lamponi
Crema sultana* Crema Chantily
Crema macerata nell'alcool di pere Zucchero a velo
Salsa al Caramello Foglie di menta
(fare un caramello, decotto con burro e panna fresca)

Preparazione

Tagliare al vertice e alla base la pastasfoglia. Guarnire con la crema sultana. Affettare le pere e disporle come mostrato in foto. Versare la salsa calda. Ornare con la rosa di chantilly il lampone e per finire le foglie di menta.

■ *Layered Crispy Nougatine*

Ingredients
Three layers of crispy nougatine
Praline butter cream
Physalis
Praline and pistachio sauces

Method
Make a nougatine and cool it. Finely crush and sift on greaseproof paper. Bake at 430°F. When golden brown, remove from the oven and cut. Superimpose the layers of nougatine with the butter cream, Finish the setup as illustrated in the photograph.

Advice
This method of serving the nougatine is usually greatly appreciated by the customer. The dessert must be stored in a dry place such as a box with silica gel.

■ *Gefülltes Knusper-Nougat*

Zutaten
Drei Lagen Knusper-Nougat
Pralinen-Buttercreme
Physalis
Pralinen- und Pistazien-Saucen

Zubereitung
Eine Nougatine herstellen und kühlen. Fein zermalmen und auf Backpapier auftragen. Kurz backen bei 220° C. Wenn sie gold-braun ist, aus dem Ofen nehmen und möglichst sofort schneiden. Die Nougat-Lagen mit dressierter Buttercreme füllen und aufeinander schichten. Gemäss Bild ausgarnieren.

Tipp
Diese Art, Nougat zu servieren, ist beim Gast sehr beliebt. Das Knusper-Nougat muss trocken in einer Dose mit Silikongel aufbewahrt werden.

■ *Croccante al Torrone*

Ingredienti
Tre strati di croccante al torrone
Crema al burro pralinata
Alchechengi
Salsa al pistacchio e pralina

Preparazione
Realizzare un croccante e fare raffreddare. Polverizzare finemente e setacciare sopra la carta oleata. Infornare brevemente a 220°C, tagliare, sovrapporre gli starti di croccante e di crema utilizzando la tasca da pasticcere. Servire come suggerito in foto.

Suggerimento
Questa maniera di servire il croccante è generalmente più apprazzata dalla clientela grazie alla sua facilità di consumazione. Conservare rigorosamente nella scatola chiusa munita di un essiccante.

Eternal Spring
Persimmon sorbet in a fresh baby persimmon cup

Ewiger Frühling
Kaki-Sorbet, mit frischen Minikakifrüchten dekoriert und serviert

Printemps Éternel
Sorbet de kaki dans son fruit, petit et tout frais

What, we ask, are the three principal forms of matter
And the four vital elements
So essential to mankind
Their identity easy to discover
Their use difficult to find

To man fell the task
Of this elusive pursuit
Every effort he made
Knowledge was within his grasp
But complete understanding
Does not follow suit
By simply being master of your trade

Seien es die drei wichtigsten Materialien
Und die vier Elemente, so wichtig für die Menschheit
Mit Leichtigkeit zu entdecken sind sie
Schwierig jedoch ist es, sie zu nutzen.

Dem Menschen ist die Suche zugefallen
Grosser Einsatz brachte Wissen in Reichweite
Die Meisterschaft in der Arbeit birgt die
Hoffnung auf Erkenntnis

Quali che siano I tre materiali principali
O meglio ancora I quattro elementi vitali
La loro scoperta e il loro contatto fu facile
Il loro utilizzo molto più difficile.

All'uomo questo compito è stato attibuito
E diede del suo meglio al fine di riuscirci
Per poco ha trattenuto stretto il sapere
La padronanza del lavoro non era che una speranza

■ Liquorice and Apricot Ravioli

Ingredients
Ravioli paste *
Apricot purée flavoured with liquorice
Fresh apricots
Liquorice and apricot butter sauce
Liquorice extract
Wild strawberries
Mint leaves

Method
Make the ravioli with the apricot and liquorice purée and stick with water. Cook in slightly buttered water. Strain and cover with the butter sauce and arrange the mint and wild strawberries.

Note
Because of the nature of the sauce it is strongly advised to prepare to order.

■ Aprikosen-Ravioli mit Lakritze

Zutaten
Ravioli-Teig*
Aprikosen-Püree mit Lakritze aromatisiert
Frische Aprikosen
Lakritzen- und Aprikosen-Buttersauce
Lakritzen-Extrakt
Wald-Erdbeeren
Pfefferminzblätter

Zubereitung
Ravioli herstellen und mit dem eingekochten Aprikosen-Lakritzen-Püree füllen, die Ränder mit Wasser bestreichen und zusammen kleben. In leicht gebuttertem Wasser köcheln. Absieben und mit Buttersauce bedecken. Mit Wald-Erdbeeren und Pfefferminzblättern garnieren.

Anmerkung
Da die Buttersauce schnell fest wird, erst bei Bedarf anrichten.

■ Ravioli con Albicocca e Liquirizia

Ingredienti
Pasta per ravioli*
Purée di albicocche e liquirizia
Albicocche fresche
Crema di albicocche e liquirizia al burro
Estratto di liquirizia
Fragole di bosco
Foglie di menta

Preparazione
Farcire I ravioli con il purée di albicocche e liquirizia ridotto chiuderli con acqua. lessarli Lessare acqua a cui é stata aggiunta una noce di burro. Disporre nel piatto e versare la crema al burro, aggiungere le foglie di menta e le fragole di bosco.

Suggerimenti
Essendo la crema al burro un prodotto facile alla rottura, si consiglia di realizzarlo al momento.

Baked Alaska

Ingredients
Ladies fingers biscuit *
Kalamansi sherbet *
Italian meringue
Grand Marnier syrup
Grand Marnier

Method
Arrange the biscuit in a semi-spherical mold. Fill with sherbet followed by the biscuit on the top. Soak with Grand Marnier syrup. Freeze and decorate with a plain piping nozzle. Keep frozen. As needed brown in a very hot oven. Set the dessert on the plate and flame with the alcohol of your Choice.

Note
Although this dessert is well known it is still appreciated as an example of the more flamboyant aspect of the chefs art.

Meringue-Auflauf

Zutaten
Löffelbiskuit*
Kalamansi-Sorbet*
Italienische Meringuemasse
Grand Marnier-Sirup
Grand Marnier

Zubereitung
Das Biskuit in einer Halbkugelform auslegen. Mit Sorbet füllen und mit Biskuit abschliessen. Mit Grand Marnier-Sirup tränken. Gefrieren, Meringuemasse mit dem Spritzsack dressieren. Im gefrorenen Zustand belassen und erst bei Bedarf im sehr heissen Ofen bräunen. Das Dessert auf den Teller setzen und vor dem Gast mit Alkohol nach Wahl flambieren.

Anmerkung
Flambierte Desserts werden von den Gästen immer noch sehr geschätzt. Viele vermissen heute dieses spektakuläre Schauspiel.

Igloo Infornato

Ingredienti
Savoiardi*
Sorbetto al Kalamansi*
Meringa italiana
Sciroppo al Gran Marnier

Preparazione
Foderare uno stampo semi sferico con I savoiardi e successivamente aggiungere il sorbetto, lasciare raffreddare e inbibire I savoiardi con lo sciroppo al Gran Marnier. Decorare con la meringa aiutandosi con la tasca da pasticcere con bocchetta liscia. Rimettere in freezer. Al momento di servire, infornare ad alta temperatura, flambare davanti al cliente.

Nota
I dolci flambés, benché largamente noti, rimangono apprezzati dalla clientela e contribuiscono ad animare questo aspetto spettacolare che in molti rimpiangono di non trovare più nei nostri ristoranti.

■ Iced Pineapple Soufflé

Ingredients
Iced pineapple soufflé
Pineapple and strawberry sauce
White rum sauce and syrup
Leaves and stem in chocolate
Dark chocolate mousse *
Biscuit

Method
Make the pineapple eyes with dark chocolate mousse in an 8 cm high egg shaped mold. Fill with the soufflé mixture alternated with two layers of soaked biscuit. Brush the leaves with couverture, remove, and at the last minute set up the plate. Serve quickly.

■ Geeistes Ananas-Soufflé

Zutaten
Geeistes Ananas-Soufflé
Ananas- und Erdbeer-Sauce
Weisse Rum-Sauce und Sirup
Stangen- und Blatt-Schokolade
Dunkle Schokoladenmousse*
Biskuit

Zubereitung
In einer 8 cm hohen eiförmigen Form mit dunkler Schokoladenmousse die Augen der Ananas anbringen. Soufflé-Masse abwechselnd mit zwei Lagen mit Rum getränktem Biskuit einfüllen. Realitätsnahe Ananasblätter aus Kuvertüre mit dem Pinsel formen. Soufflé aus der Form nehmen und im letzten Moment auf den Teller setzen und sofort servieren.

■ Soufflé Gelato all'Ananas

Ingredienti
Soufflé all'ananas
Coulis all'ananas e lampone
Salsa e sciroppo al rum bianco
Foglie e coda in cioccolato
Mousse al cioccolato fondente*
Biscotto

Preparazione
In uno stampo ovale di 8 cm di altezza fare gli occhi dell'ananas in mousse di cioccolato nero. Alternare il preparato di soufflé all'ananas, per due volte, con il biscotto imbevuto di rum. Coprire, aiutandosi con il pennello, le foglie d'ananas che serviranno da stampo, con il cioccolato di copertura. Disporre rapidamente sul piatto e servire subito.

Krathong
Banana leaves folded in accordance with a Thai traditional celebration

Kratong
Realizzato in foglie di banano come d'uso nella tradizionale festa thailandese.

Krathong
Bananenblätter wie auf dem Bild nach Thai-Tradition falten.

■ *Napoléon Mousse*

Ingredients

Mandarine mousse *
Chocolate sponge cake
Bitter chocolate truffles *
"Mandarine Napoléon" syrup
Apricot gel
Mandarine caramel sauce *
Dark chocolate grilling

Method

Garnish a circular mold with a layer of sponge cake followed by the mandarine mousse. Repeat the process. After cooling, glaze and keep cool. At the last minute, pipe the grilling on a plastic sheet and just before it sets, roll it around the mousse.

■ *Napoleon-Mousse*

Zutaten

Mandarinen-Mousse*
Schokoladen-Butterbiskuit
Bitterschokolade-Trüffel*
"Mandarine Napoléon"-Sirup
Aprikosen-Gel
Mandarinen- und Karamel-Sauce*
Gitter aus dunkler Schokolade

Zubereitung

Eine runde Form mit einer Schicht Biskuit auslegen und Mandarinen-Mousse darauf geben. Diese Prozedur wiederholen. Nach dem Kühlen glasieren und kühl halten. Im letzten Moment das Gitter auf Plastik spritzen und kurz vor dem Festwerden um die Mousse rollen.

■ *Mousse di Napoleone*

Ingredienti

Mousse al mandarino*
Pan di spagna al cioccolato
Tartufi al cioccolato amaro*
Sciroppo al "Mandarine Napoleon"
Gelatina all'albicocca
Salsa caramello e mandarino*
Griglia al cioccolato fondente

Preparazione

Sovrapporre uno strato circolare di pan di spagna con uno di mousse al mandarino. Ripetere l'operazione. Conservare in freezer. In ultima fase, realizzare la griglia su fogli di plastica e prima del completo indurimento, avvolgerlo intorno alla mousse.

The Apprentice
Simple assortment of carved fruits

Lehrstück
Einfache Auswahl an Obst-Skulpturen

L'Apprendista
Semplice assortimento di frutta scolpita

▪ AFRICA

Mother of rhythm, easygoing, spontaneous but also a continent that knows real poverty. The traveller to Mount Kilimanjaro, the explorer of the Casamance forests, the Egyptologist, the businessman in Kenya and the missionary in Malawi, all of them are confronted with this astonishing, sprawling continent and can only observe helplessly as it continues to evolve in its own chaotic fashion.

Villagers, even those who now possess television sets, still cling to their traditional beliefs in the power of the witch doctor and the tribal rituals associated with their ancestors. But over this continent there is a wide range of society represented by many peoples and beliefs which together make up the African people as a whole.

And traditions can be as varied and unusual as the people themselves. The wailing of bereaved women, the use of water in religious rites, the pleasure taken in bargaining, these are customs from Africa's past and are likely to remain so in the future.

To understand Africa and its people it's necessary also to know something of its culture and traditions. Individuals are often keen to explain to expatriate visitor something of the spirit of their country. Isa was one such kindly person. A gentle and friendly character, he dubbed one foreign friend "The Senegal Toubab" and the "Yovo from Togo."

In answer to the the often posed question of Africa, "what's it like? The reply from many people is "Go there, see for yourself."

▪ AFRIKA

Gilt als Mutter von Rhythmus, Leichtigkeit und Spontaneität, ist aber auch ein Land mit wirklicher Armut. Der Besteiger des Kilimanjaro, der Erforscher der Casamance-Wälder, der Ägyptologe, der Geschäftsmann in Kenia wie auch der Missionar in Malawi, sie alle sind tief erschüttert, dass keine Macht positiv auf die chaotische Entwicklung dieses Kontinents einzuwirken vermag.

Eine grosse Zahl Dorfbewohner, die zwar einen Fernsehapparat besitzen, verharren in ihren alten Traditionen, glauben noch an Hexenkult und an die Stammesrituale ihrer Vorfahren. Auf diesem Kontinent lebt eine Gesellschaft, die aus vielen sozialen Schichten, Ethnien und Kultformen besteht, die das vielfältige Gesicht Afrikas ausmachen.

Die Traditionen sind so unterschiedlich und ungewöhnlich wie die Menschen selber. Die schreienden Frauen bei Begräbnissen, die religiösen Wasserriten, die Freude am Markten, diese Bräuche aus der Vergangenheit Afrikas scheinen auch in Zukunft weiter zu leben.

Um Afrika und seine Menschen zu verstehen, muss man sich auch mit ihrer Kultur und den Traditionen befassen. Es gibt Individuen wie unser Kollege Isa, die den Versuch machen, den Afrikaner als netten einfachen Charakter zu beschreiben, was auch nicht zutrifft. Nur wer Afrika selber besucht, kann sich ein genaueres Bild machen.

▪ L'AFRICA

Madre del ritmo dell'allegria spontanea ma anche di una reale povertà: l'Africa. Che siano viaggiatori del monte Kilimangiaro, esploratori delle foreste Casamance, storici delle piramidi di Giza, uomini d'affari in Tunisia o missionari in Malaui, rimangono tutti stupefatti davanti a questo immenso continente senza poterne ostacolare la caotica crescita. Numerosi sono i villaggi, privi di televisione, ancora legati alle tradizionali credenze, al potere dello stregone e ai rituali tribali.

In questo continente, sono le numerose classi sociali ed etnie, rappresentate da tante persone e credenze che compongono il popolo africano. L'acqua versata al suolo in memoria degli avi, le urla delle donne ad un funerale di un parente, il piacere del mercanteggiare sono testimonianze di un Africa che nel futuro farà sempre riferimento al proprio passato. Per capire l'Africa ed il suo popolo, è necessario conoscere anche la sua cultura e le sue tradizioni.

Gli abitanti del luogo tengono a precisare al visitatore straniero quale sia lo spirito della propria terra. Malgrado tutto e a discapito di tante differenze, che ricordiamo Issa, un collega di lavoro che cercava di spiegare il suo paese e le sue difficoltà, e con la sua sincera e semplice gentilezza si à guadagnato poco dopo il "Toubab del Senegal " o "lo Yovo del Togo". Alla domanda: "Come è l'Africa?", molti rispondono "andate a vederla".

■ Old Souvenirs

Ingredients
One small Berlin doughnut
Bugnes lyonnaises *
Fresh deep- fried fig *
Blackcurrant sauce
Blackcurrant jam
Fig marmalade
Mint leaves
Icing sugar

Note
The aim of this dessert is to assemble three kinds of deep fried desserts : deep fried fruit, a traditional fritter filled with jam and the bugne lyonnaise (fotimasson or merveille) depending on the province or country of origin.

■ Heimatliche Erinnerungen

Zutaten
Ein kleiner Berliner
Bugnes lyonnaises*
Frische frittierte Feige*
Cassis-Sauce
Cassis-Konfitüre
Feigen-Marmelade
Pfefferminzblätter
Puderzucker

Anmerkung
Dieses Dessert vereint drei Arten von frittierten Desserts: frittierte Frucht, ein traditionelles Fettgebäck, gefüllt mit Konfitüre und die Bugne lyonnaise (Krapfen oder Rosenküchlein) je nach Herkunftsgegend oder -land.

■ Vecchio Souvenir

Ingredienti
Una piccola berlinese
Bugnes alla lionese*
Fico fresco fritto in pasta*
Coulis di ribes neri
Marmellata di ribes neri
Marmellata di fichi
Foglie di menta
Zucchero a velo

Preparazione
Lo scopo di questo piatto è quello di unire tre tipi di fritture di dolce con della frutta fritta,che andrà farcita con marmellata o bugnes alla lionese, dipende dalla provincia del paese d'origine.

■ Red Gooseberry Puff Pastry

Ingredients
Puff pastry case
Creamed champagne sabayon *
Red and green gooseberries
Redcurrants

Method
Whilst preparing the sabayon, warm the puff pastry and arrange it on the plate. Cover with the sabayon and arrange the gooseberries and the skewers.

■ Rote Stachelbeeren auf Blätterteig

Zutaten
Blätterteig-Pastetchen
Sabayoncreme mit Champagner*
Rote und grüne Stachelbeeren
Rote Johannisbeeren

Zubereitung
Während dem Zubereiten des Sabayon, das Blätterteigpastetchen kurz aufbacken und auf dem Teller arrangieren. Mit dem Sabayon überziehen und mit Stachelbeeren und Spiesschen ausgarnieren.

■ Sfoglia di Uva Rossa

Ingredienti
Sfoglia
Zabaione di crema allo champagne*
Uva rossa e verde
Ribes rossi

Preparazione
Intanto che preparate lo zabaione, riscaldate la sfoglia e trasferitela su un piatto. Ricoprire con lo zabaione e ornare con l'uva disposta sugli spiedini.

Drum
*Drum in pastillage, assorted petits fours, castel, * wild strawberry tartlet; swan filled with whipped cream and walnut financier. ***

Il Tamburo
*Tamburo in pastigliaccio, pasticcini assortiti, castello, tartelletta di fragole di bosco; cigno farcito con panna montata e finanziera di noci**

Trommel
Trommel aus Pastillage mit assortiertem Konfekt, Castel, Walderdbeer-Törtchen, Schwan, gefüllt mit Schlagsahne und Walnuss-Financier*.*

■ Iced Nougat with Bee Pollen

Ingredients
Iced nougat *
Wild strawberry and kiwi sauces
Physalis
Bee pollen

Method
Remove and slice the iced nougat and arrange on the plate.

■ Geeister Nougat mit Bienenpollen

Zutaten
Geeister Nougat*
Walderdbeer- und Kiwi-Saucen
Physalis
Bienenpollen

Zubereitung
Den geeisten Nougat aus der Form nehmen, tranchieren und auf dem Teller anrichten.

■ Gelato di Torrone al Polline d'Ape

Ingredienti
Gelato di torrone*
Coulis di fragole di bosco e di kiwi
Alchechengi
Polline d'ape

Preparazione
Rimuovere dallo stampo il gelato, affettarlo e disporlo sul piatto.

■ *Planteur Mousse*

Ingredients
Coconut and ginger biscuit *
Chocolate milk mousse *
Opera cake coating *
Small meringues
White rum syrup
Chocolate and white rum sauces
Three small profiteroles filled
with bitter chocolate mousse *

Method
In a small ring, alternate the soaked biscuit with the milk chocolate mousse. Keep the whole cool and then coat the top. Remove and place the small meringues completely around.

Serving Suggestions
To avoid softening, brush the back of the meringues with chocolate.

■ *Pflanzer-Mousse*

Zutaten
Kokos- und Ingwer-Biskuit*
Milchschokoladen-Mousse*
Opernkuchen-Glasur*
Kleine Meringueschalen
Sirup mit weissem Rum
Schokolade- und weisse Rum-Saucen
Drei kleine Profiteroles, gefüllt
mit Bitterschokoladen-Mousse*

Zubereitung
In einen kleinen Ring abwechselnd mit Rum getränktes Biskuit und Milchschokoladen-Mousse geben. Kühl stellen. Oberfläche mit Glasur überziehen. Aus der Form nehmen und die kleinen Meringues ringsum ankleben.

Serviervorschlag
Um das Weichwerden der Meringues zu vermeiden, diese auf der Rückseite mit Schokolade bestreichen.

■ *Mousse Planteur*

Ingredienti
Biscotto al cocco e zenzero*
Mousse di cioccolato al latte*
Strato di torta Opera*
Piccole meringhe
Sciroppo di rum bianco
Salse al cioccolato amaro e rum bianco
Tre piccoli profiteroles farciti
con mousse di cioccolato amaro*

Preparazione
In un piccolo anello, alternare lo strato di biscotti imbevuto con lo sciroppo di rum bianco con la mousse di cioccolato. Lasciare raffreddare, glassare . Rimuovere ed apporre su tutta la circonferenza le meringhe.

Nota
Per evitare il rammollimento delle meringhe,incollarle con il cioccolato.

Pumpkin Tart

Ingredients
Sugar dough
Pumpkin mix *
Apricot gel
Pistachios
Sweet whipping cream
Strawberry and kiwis
Vanilla sauce
Mint leaves

Method
Place the sugar dough in a tart mold. Fill with the pumpkin mix and bake. Cool, glaze with apricot gel and arrange the pistachio. Serve at room temperature.

Kürbiskuchen

Zutaten
Zuckerteig
Kürbis-Mischung*
Aprikosen-Gel
Pistazien
Süsse Schlagsahne
Erdbeere und Kiwi
Vanille-Sauce
Pfefferminzblätter

Zubereitung
Eine Törtchenform mit Zuckerteig auslegen, mit Kürbis-Mischung füllen und backen. Kühlen, mit Aprikosen-Gel glasieren und mit Pistazien verzieren. Bei Zimmertemperatur servieren.

Crostata di Zucca

Ingredienti
Pasta frolla
Impasto alla zucca
Gelatina di albicocca
Pistacchi
Chantilly
Fragole e kiwi
Salsa di vaniglia
Foglie di menta

Preparazione
Mettere la pasta frolla in uno stampo per crostata, farcire con l'impasto alla zucca e cuocere in forno. Lasciare raffreddare, glassare con la gelatina di albicocca ed ornare con i pistacchi. Servire a temperatura ambiente.

■ Iced Meringue Cake

Ingredients
Raspberry sherbet *
Passion fruits sherbet *
Small meringues
Sweet whipping cream
Passion fruit sauce
Sponge cake
Physalis
Mint leaves

Method
Make a "mise en place" of the two sherbets molded in a ring with a sponge cake bottom. As needed, set up the small meringues and decorate with whipped cream.

■ Geeistes Meringue

Zutaten
Himbeer-Sorbet*
Passionsfrucht-Sorbet*
Kleine Meringues
Süsse Schlagsahne
Passionsfrucht-Sauce
Butterbiskuit
Physalis
Pfefferminzblätter

Zubereitung
Die beiden Sorbets in einen Ring mit Biskuitboden geben und kühlen. Bei Bedarf die kleinen Meringues ringsum ankleben und mit Schlagsahne ausgarnieren.

■ Meringa Gelata

Ingredienti
Sorbetto ai lamponi*
Sorbetto al frutto della passione*
Piccole meringhe
Chantilly
Coulis di frutto della passione
Pan di spagna
Alchechengi
Foglie di menta

Preparazione
In uno stampo ad anello disporre sul fondo il pan di spagna e successivamente I due sorbetti. Al momento di servire , decorare con le meringhe e la crema chantilly.

■ Sauternes Fruit Terrine

Ingredients
Sauternes jelly *
Assorted fresh fruits : raspberries,
peaches, blueberries, kiwis, physalis, blackberries
Kiwi fruit, peach and strawberry sauces
Chocolate bicycle for decoration

Method
Successively alternate layers of jelly and fruits on a dome mold, ensuring that the fruit do not touch the mold. Allow time between each layer for setting.

Note
Some types of firm fruit may have to be poached in order to avoid a fragile terrine.

■ Obstterrine mit Sauternes

Zutaten
Sauternes-Gelee*
Auswahl an frischem Obst: Himbeeren,
Pfirsiche, Heidelbeeren, Kiwi, Physalis, Brombeeren
Kiwi-, Pfirsich- und Erdbeer-Saucen
Velo aus Schokolade zur Dekoration

Zubereitung
In eine halbrunde Form abwechselnd Lagen von Gelee und Obst geben. Aufpassen, dass die Früchte die Form nicht berühren. Nach jeder Schicht warten, bis sie fest geworden ist.

Anmerkung
Feste Früchte müssen eventuell zuerst pochiert werden, damit die Terrine nicht zerfällt.

■ Terrina di frutta al Sauternes

Ingredienti
Gelatina al Sauternes*
Assortimento di frutta fresca: mirtilli,lamponi,pesche, more,kiwi,alchechengi
Coulis di kiwi, pesca e fragole
Triciclo in cioccolato per la decorazione

Preparazione
Alternare, in uno stampo a cupola, gli strati di gelatina con la frutta; assicurarsi che la frutta non stia a contatto dello stampo. Lasciar passare del tempo tra la preparazione di uno strato e l'altro.

Note
Alcuni tipi di frutta con polpa solida, devono essere sbollentati per evitare una terrina fragile.

■ Oven - Baked Custard

Ingredients
Oven - baked custard *
Mixture half castor sugar half brown sugar
Semi - candied orange and lemon zests (or caramelized chopped walnut)

Method
Place the caramelized walnut or the zests in a shallow dish and cover with the sauce.. Bake in a medium hot oven. Allow to cool. Sprinkle with sugar and caramelize with the blowtorch.

Note
This is essentially an "interim" dessert usually served when the actual dessert requires a long time to prepare.

■ Gebrannte Creme

Zutaten
Gebrannte Creme*
Mischung aus halb Puder- und halb Roh-Zucker
Halbkandierte Orangen- und Zitronenschale oder
karamellisierte gehackte Walnuss

Zubereitung
Die karamellisierte Walnuss oder die Zitrusschalen in einen Suppenteller geben und mit Sauce bedecken. Bei mittlerer Hitze im Ofen backen. Auskühlen lassen. Mit Zucker bestäuben und mit einem Grillstab karamellisieren.

Anmerkung
Diese kann als Vor-Dessert serviert werden, wenn das Haupt-Dessert sehr viel Zeit beansprucht.

■ Crème Brulée

Ingredienti
Crème Brulée*
Mix composto da zucchero di canna e zucchero bianco
Noci caramellizzate e tritate, julienne di buccia di limone e arancia semi candita

Preparazione
Disporre le noci caramellizzate e la julienne su un piatto piano e coprire con la crème. Cuocere in forno a temperatura media. Lasciare raffreddare e spolverare con lo zucchero quindi caramellizzare con il cannello.

Consigli
Suggeriamo la Crème Brulée come pre-dessert, nel caso in cui un'altra preparazione necessiti un'attesa prolungata per il cliente.

■ *Halvas*

Ingredients
Halvas *
Homemade yoghurt *
Mixture half icing sugar and cinnamon powder
Assorted fresh fruits
Walnuts and almonds
Cinnamon sauce

Method
Sprinkle the icing sugar and cinnamon mixture over the halvas. Pour the yoghurt in the middle and arrange the fruits on top.

■ *Halvas*

Zutaten
Halvas*
Hausgemachter Yoghurt*
Mischung aus halb Puderzucker
und halb Zimtpulver
Auswahl an frischem Obst
Walnüsse und Mandeln
Zimt-Sauce

Zubereitung
Die Halvas mit der Puderzucker-Zimt-Mischung bestäuben. Den Yoghurt in die Mitte giessen und mit Früchten garnieren.

■ *Halvas*

Ingredienti
Halvas*
Yogurt fatto in casa*
Mix di zucchero a velo e cannella in polvere
Frutta fresca assortita
Noci e mandorle
Salsa alla cannella

Preparazione
Spolverare con il mix di zucchero e cannella l'Halvas. Apporre lo yogurt e la frutta.

■ *Almond and Green Pepper Brownie*

Ingredients
Chocolate brownies *   Almond sticks
(see Virginia brownie)   Green pepper sauce *
Dark chocolate   Mint leaves

Method
Bake the brownies in a spherical mold. Cool and place the almond sticks as illustrated. Coat with the dark chocolate.

■ *Brownies mit Mandeln und grünem Pfeffer*

Zutaten
Schokoladen-Brownies*   Mandelstifte
(siehe Virginia-Brownie)   Grüne Pfeffer-Sauce*
Dunkle Schokolade   Pfefferminzblätter

Zubereitung
Die Brownies in einer Halbkugel-Form backen. Kühlen und die Mandelstifte gemäss Bild einstecken. Mit der dunklen Schokolade überziehen.

■ *Brownie con Mandorle e Pepe Verde*

Ingredienti
Brownies al cioccolato*   Bastoncini di mandorle
(vedi Virginia Brownie)   Salsa al pepe verde*
Cioccolato nero   Foglie di menta

Preparazione
Cuocere al forno in uno stampo a sfera il brownie. Lasciare raffreddare e apporre le mandorle come illustrato nella foto. Mascherare con il cioccolato nero.

■ *BREAD*

From Pompei to the construction of the pyramids, almost since time began, bread has been a basic necessity of life and a religious symbol. Now it has been introduced to almost every corner of the world by the massive spread of international tourism.

Its diversity is limited only by the imagination of bakers and restaurateurs. Certainly hundreds of varieties can be seen every day on the tables of our restaurants.

In our presentation of bread we have included only the most popular, those varieties most suited to a well-chosen meal. We cannot always agree with the choice of some fancy breads offered in certain restaurants and disapprove of the fashion for warmers, whose use in fact, detracts from the original taste of the bread.

It is worth bearing in mind that old-fashioned bread, white or brown is enough on its own, and goes with a meal of any kind.

■ *BROT*

Von Pompeji bis zum Bau der Pyramiden, ja seit Anbeginn der Zeit, bedeutete Brot eine Lebensnotwendigkeit und war zugleich ein religiöses Symbol. Mit dem weltweiten Tourismus ist es bis in die entferntesten Ecken der Welt gelangt.

Der ständig wachsenden Vielfalt sind praktisch keine Grenzen gesetzt. Hunderte von verschiedenen Broten sind täglich auf den Tischen unserer Restaurants zu finden.

In unserem Kapitel über Brot haben wir nur die populärsten Brote aufgeführt, jene, die sich am besten zu einem guten Essen eignen. Wir sind nicht immer einverstanden mit ausgefallenen Broten, die in gewissen Restaurants serviert werden, und wir sind gegen die Mode der Brotwärmer, weil dadurch das Aroma der Speisen beeinträchtigt wird.

Es lohnt sich, das altbewährte Brot, ob hell oder dunkel, im Auge zu behalten, das zu Speisen jeder Art passt.

■ *IL PANE*

Da Pompei alla costruzione delle piramidi, dalla notte dei tempi…il pane, simbolo religioso e prodotto di prima necessità, ha raggiunto quasi ogni angolo della terra con il massiccio diffondersi del turismo internazionale.
La diversità è limitata solo dall'immaginazione dei panettieri e dei ristoratori.Di sicuro, centinaia di varietà possono essere viste ogni giorno sulle tavole dei nostri ristoranti.

Nella nostra presentazione del pane, abbiamo incluso solo il più popolare, le varietà che si addicono di più alla scelta per un buon pasto. Spesso, non siamo d'accordo, con la scelta di alcune fantasie di pane offerte in certi ristoranti e disapproviamo il fascino del riscaldare, infatti chi lo fa, toglie al pane il suo sapore originale.

Rimaniamo dell'idea che un buon pane fatto all'antica, bianco o nero che sia, possa adattarsi a qualsiasi tipo di cucina.

Angel Chalice
Angel chalice with pink grapefruit sherbet

Engelskelch
Rosa Grapefruit-Sorbet im Engelskelch

Calice degli Angeli
Calice degli Angeli con fresco sorbetto al pompelmo rosa

CHINA

■ Cup of Tea

Ingredients
Chocolate cup
Orange cream *
Tea mousse *
Tea and Grand Marnier syrups
Tulipan saucer *
Sponge cake
Orange and peach sauce
Lemon sherbet *
Unskinned orange quarters
Lime
Egg net
Butterfly cookie
Mint leaves

Method
Mold a chocolate cup, giving it a velvety appearance with a sprayed-on mixture of 50% cocoa butter and 50% dark couverture. Successively fill with Grand Marnier syruped sponge, orange cream, tea syruped sponge and tea mousse. Complete with tea mousse which has been foamed in a blender. To make the egg net, use eggs as in an omelette and in the same fashion as spun sugar, cooking quickly in a hot, oiled pan.

■ *Eine Tasse Tee*

Zutaten
Tasse aus Schokolade
Orangen-Creme*
Tee-Mousse*
Tee- und Grand Marnier-Sirupe
Untertasse aus Hippenteig*
Butterbiskuit
Orangen- und Pfirsich-Sauce
Zitronen-Sorbet
Ungeschälte Orangenviertel
Limone
Ei-Netz
Schmetterlings-Plätzchen
Pfefferminzblätter

Zubereitung
Eine Tasse aus Schokolade formen und ihr mit der aufgespritzten Mischung aus 50% Kakaobutter und 50% dunkler Kuvertüre ein samtiges Aussehen verleihen. Mit in Grand Marnier-Sirup getränktem Butterbiskuit, Orangen-Creme, mit Tee getränktem Butterbiskuit und Tee-Mousse füllen. Abschliessen mit Tee-Mousse, der man im Mixer ein cremiges Aussehen verliehen hat. Für das Ei-Netz Eier wie für Omeletten und so wie bei Zuckerfäden rasch in einer sehr heissen geölten Pfanne kochen.

■ *Tazza di tè*

Ingredienti
Tazza in cioccolato
Crema all'arancia*
Mousse al tè*
Sciroppi al tè e al Gran Marnier
Piattino in pasta Tulipano*
Pan di spagna
Coulis di arancia e pesca
Sorbetto di limone*
Spicchi di arancia senza pelle
Lime
Rete di uovo
Biscotto a sfoglia
Foglie di menta

Preparazione
Creare con uno stampo una tazza di cioccolato e vaporizzare con pistola 50% di burro di cacao e 50% di cioccolato di copertura. Sovrapporre successivamente pan di spagna imbevuto di sciroppo al Gran Marnier, crema all'arancia, pan di spagna imbevuto allo sciroppo di tè e mousse al tè precedentemente passata al frullatore così da prendere un aspetto spumoso. Per realizzare la rete d'uovo, usare le uova sbattute alla stessa maniera in cui si fa lo zucchero filato, e cuocere rapidamente su una padella antiaderente.

Steam Pot
*Steam pot in pastillage filled with tea truffles. **

Dampfkorb
Dampfkorb aus Pastillage, gefüllt mit Tee-Trüffeln*

Steam Pot
Steam pot in pastigliaccio farcito con tartufi al tè.*

Pfannkuchen-Soufflé mit Zwetschgen

Zutaten
Zwei Buchweizen-Pfannkuchen
Soufflé-Mischung aus
Zwetschgen und Armagnac-Eis*
Zwetschgen
Pfefferminzblätter

Zubereitung
Die Pfannkuchen mit der Soufflé-Mischung zusammen mit geschnittenen und in Armagnac marinierten Zwetschgen füllen. Auf einer gebutterten Aluminiumfolie backen. Nach dem Backen mit dem Eis auf dem Teller anrichten und sofort servieren.

Tipp
Um dieses Dessert nicht als Hauptgang erscheinen zu lassen, die Pfannkuchen nicht zu stark füllen.

Walnut Cake

Ingredients
Walnut cake *
Milk chocolate walnut praline
Walnut dipped in white chocolate
Vanilla and coffee sauces
Mint leaves

Advice
This dessert, normally served at room temperature, can also be enjoyed warm. In this case the aroma will be stronger.

Walnuss-Törtchen

Zutaten
Walnuss-Kuchen*
Milchschokoladen-Walnuss-Praline
In weisse Schokolade getunkte Walnuss
Vanille- und Kaffee-Saucen
Pfefferminzblätter

Tipp
Dieses Dessert, das normalerweise bei Zimmertemperatur serviert wird, kann auch warm genossen werden. So wird das Aroma stärker.

Prune Pancake Soufflés

Ingredients
Two buckwheat pancakes *
Soufflé mix
Prunes and Armagnac icecream *
Prunes
Mint leaves

Method Fill the pancakes with the soufflé mix together with chopped, macerated prunes in Armagnac. Bake on buttered aluminium foil. After baking arrange on the plate with the icecream. Serve immediately.

Advice To prevent this dessert looking like a main course, don't overfill the pancake.

Crépes Souflèe alle prugne

Ingredienti
Due crépes di farina saracena*
Souflèe alle prugne
Una pallina di gelato alle prugne e Armagnac*
Prugne
Foglie di menta

Preparazione
Farcire le crépes con il soufflèe e qualche prugna tritata precedentemente fatta macerare nell'Armagnac. Mettere nel forno su carta d'alluminio e successivamente trasferire su un piatto. Aggiungere il gelato e servire subito.

Note
Per evitare che questo dessert diventi un piatto di portata, si consiglia di non farcire troppo le crépe.

Torta alle Noci

Ingredienti
Torta alle noci*
Noci in copertura al latte con interno pralinato
Noci immerse nel cioccolato bianco
Salse di vaniglia e caffè
Foglie di menta

Consigli
Questo dolce, normalmente è servito a temperatura ambiente ma si può gustare anche tiepido. In questo caso il sapore sarà più forte.

CAMBODIA

■ Banana Skewers

Ingredients
Two dry bananas
Two small and fresh bananas
Tulipan dough *
Bergamotte sherbet *
Vanilla beans
Banana leaf
Cooking juice : honey, butter, orange juice

Method
Heat some butter with a tablespoon of honey. "Decuire" with orange juice. Simmer the fresh bananas followed by the dry ones and arrange on the vanilla beans. Place on the plate together with the sherbet in the tulipan dough and pour the cooking juice over the skewers.

Serving Suggestions
Dry the vanilla beans carefully and perforate the dry bananas prior to use.

■ Bananenspiesschen

Zutaten
Zwei getrocknete Bananen
Zwei kleine frische Bananen
Hippenteig*
Bergamotte-Sorbet*
Vanilleschoten
Bananenblatt
Kochflüssigkeit: Honig, Butter, Orangensaft

Zubereitung
Etwas Butter mit einem Esslöffel Honig erhitzen. Aufkochen mit Orangensaft. Die frischen Bananen und nachher die getrockneten köcheln und auf die Vanilleschoten spiessen. Auf dem Teller anrichten, mit dem Sorbet im Hippenteig ausgarnieren und die Kochflüssigkeit über die Spiesschen giessen.

Serviervorschlag
Die Vanilleschoten sorgfältig trocknen und die getrockneten Bananen vor der Verwendung durchstechen.

■ Spiedini di Banana

Ingredienti
Due banane secche
Due piccole banane fresche
Pasta tulipano*
Sorbetto al bergamotto*
Stecche di vaniglia
Foglia di banano
Succo per cucinare: miele, burro, succo d'arancia

Preparazione
Riscaldare un po' di burro con un cucchiaio di miele e allungare con il succo d'arancia. Far bollire lentamente le banane fresche e successivamente quelle secche. Comporre gli spiedini con le stecche di vaniglia e disporre sul piatto con una noce di sorbetto.

Nota
Fate accuratamente seccare le stecche di vaniglia e fate dei fori sulle banane in modo che lo spiedino scorra meglio.

■ *Irish Mousse*

Ingredients

Succès biscuit *
Irish mousse *
Chocolate imitation wood

Whiskey sauce
Caramel sauce
(Make a caramel and décuire
with butter and fresh cream)

Method

Using a wooden comb, fashion the chocolate log onto a rhodoid plastic sheet. Before it cools, set it in a curved mold and successively garnish with irish mousse and "succès biscuit" before the chocolate finally hardens. Crushed candy chestnuts may also be added.

After cooling, cut into portions with a hot knife and ensure a smooth appearance.

■ *Irische Mousse*

Zutaten

Erfolgsbiskuit*
Irische Mousse*
Schokoladen-Baumstamm

Whiskey-Sauce
Karamel-Sauce
(Ein Karamel herstellen und mit
Butter und frischer Sahne aufkochen)

Zubereitung

Mit einem Holzkamm den Schokoladen-Holzblock auf einem Plastik gestalten. Bevor er fest wird, in eine gewölbte Form geben und nach und nach mit irischer Mousse und Erfolgsbiskuit füllen, bevor die Schokolade ganz fest wird. Kandierte Kastanienstückchen können beigegeben werden.

Nach dem Kühlen mit einem heissen Messer in Portionen schneiden und aufpassen, dass die Ränder schön aussehen.

■ *Mousse Irlandese*

Ingredienti

Biscotto Succés*
Mousse Irlandese*
Tronco in cioccolato

Salsa al wisky
Salsa al caramello
(fare il caramello decotto con
burro e panna)

Preparazione

Utilizzando la spatola rigata, disegnare il cioccolato, predisposto su un foglio di plastica. Prima che si rapprenda, inserirlo nello stampo ricurvo e successivamente riempirlo con la mousse irlandese e biscotto succés. Delle castagne tritate e candite possono essere aggiunte.

Una volta raffreddato, porzionare con un coltello a lama calda e smussare le estremità.

BELGIUM

■ Krick and Cherries Gratinated Sabayon

Ingredients
Fresh cherries
Cherry krick sabayon
Krick sherbet *

Method
Place the pitted cherries in a copper "gratin" dish. Pour the sabayon carefully on the top. Gratinate at the salamander and serve with a a scoop of Krick sherbet.

■ Kirschen-Krick-Gratin

Zutaten
Frische Kirschen
Kirschen-Krick-Sabayon
Krick-Sorbet*

Zubereitung
Die entsteinten Kirschen in eine Kupfer-Gratinpfanne geben. Den Sabayon sorgfältig darüber giessen. Unter dem Salamander gratinieren und mit einer Kugel Krick-Sorbet servieren.

■ Ciliegie Gratinate alla Krick

Ingredienti
Ciliegie fresche
Zabaione montato alla krick alla ciliegia
Sorbetto alla krick*

Preparazione
Mettere le ciliegie snocciolate in un piatto ramato per gratinare. Aggiungere lo zabaione. Gratinare alla salamandra e servire con una pallina di sorbetto.

Cheese Cake Duo

Ingredients

Swiss cheese cake *
Fillo dough *
Cheese cream
(1/3 custard cream,
2/3 cream cheese)
Butter
Blueberries
Orange zests
Vanilla sauce
Blueberry sauce
Gold leaf
Apricot gel

Method

Superimpose three leaves of fillo dough, each brushed with melted butter. Cut in a circular shape and fill with the cheese cream mixed with blueberries.

Tie with the orange zests and bake in a hot oven. Artistically arrange the Swiss cake and the fillo dough cake. Form the sauce and serve.

Käsekuchen-Duo

Zutaten

Schweizer-Käsekuchen*
Fillo-Teig*
Käsecreme
(1/3 Patisseriecreme,
2/3 Rahmkäse)
Butter
Heidelbeeren
Orangenschale
Vanille-Sauce
Heidelbeer-Sauce
Goldblatt
Aprikosen-Gel

Zubereitung

Drei Schichten Filloteig, jede mit flüssiger Butter bepinselt, aufeinander schichten. Kreisförmig schneiden und mit einer Mischung aus Rahmkäse und Heidelbeeren füllen. Mit Orangenschale zusammenbinden und im heissen Ofen backen. Den glasierten Schweizer-Käsekuchen und den Filloteig-Kuchen kunstvoll arrangieren, mit Sauce ausgarnieren und servieren.

Duo di Torta al Formaggio

Ingredienti

Torta svizzera al formaggio*
Pasta fillo*
Crema al formaggio (1/3 crema pasticcera, 2/3 crema al formaggio)
Burro
Mirtilli
Julienne di arancia
Salsa alla vaniglia
Coulis di mirtilli
Foglia d'oro
Gelatina all' albicocca

Preparazione

Sovrapporre tre foglie di pasta fillo, ognuna pennellata con il burro fuso. Tagliare a forma circolare e farcire con i mirtilli uniti alla crema al formaggio, annodare con l'aiuto della julienne e cuocere a forno caldo. Disporre la torta svizzera nappata ed il fagotto di pasta fillo, decorare con le salse e servire.

■ *FRUITS*

      In this section we have concentrated entirely on the various fruits to be found in Asia. They are abundant, odiferous, sometimes strange and quite often almost unknown to many of us.

      When presented as part of a dessert however, these same fruits can tempt and tantalize our taste buds and stimulate our curiosity. They appear again and again throughout the following pages in sherbets, mousses and as a slightly exotic garnish in some desserts, stimulating our appreciation and widening our tastes.

      Most of the fruits are imported and can be found in big cities and are certainly well appreciated by today's customers who enjoy the exotic touch they bring to desserts without detracting from the original presentation and taste.

■ *OBST*

      In diesem Kapitel konzentrieren wir uns auf die verschiedenen Früchte, die man in Asien findet. Sie kommen in Fülle vor, sind wohlschmeckend, manchmal ungewohnt und vielen von uns unbekannt.

      Wenn sie in einem Dessert vorkommen, können dieselben Früchte verführerisch wirken, unsere Geschmacksnerven reizen und unsere Neugier wecken. Auf den folgenden Seiten kommen sie immer und immer wieder vor in Form von Sorbets, Mousses oder als exotische Garnitur von Desserts und helfen uns auf diese Weise, unseren Geschmack zu stimulieren.

      Die meisten Früchte werden in vielen Ländern importiert und sind besonders in grösseren Städten zu finden. Bei der Kundschaft sind sie sehr beliebt wegen des exotischen Hauchs, den sie den bekannten Desserts verleihen.

■ *LA FRUTTA*

      Abbiamo dedicato, questa sezione ,interamente alla varietà di frutta disponibile in Asia.

      La si trova in abbondanza, profumata, talvolta strana e spesso sconosciuta alla maggior parte di noi. La raffinatezza dei frutti presentata nelle pagine successive, ha rapidamente stimolato la nostra curiosità, per l'utilizzo in pasticceria. Scoprirete dunque sotto forma di sorbetti, mousse o ancora guarnizioni di alcuni dessert, per dare un gusto esotico al fine di allargare le nostre conoscenze gustative.

      La maggior parte di questi frutti può essere disponibile nei mercati delle grandi città, quali che siano, contribuiranno, senza alcun dubbio, a migliorare le nostre carte dei dessert.

Cartoon Display
*Ninja turtles in turned sugar. The base is in poured sugar. Assorted soft caramels * : vanilla, coffee, chocolate.*

Il mondo animato
Tartarughe Ninja in zucchero tornito. Base in zucchero colato. Assortite con caramelle mou alla vaniglia, caffè e cioccolato.

Trickfilm
Ninja-Schildkröten in gedrehtem Zucker auf gegossenen Zucker geklebt. Garniert mit weichen Karamellen mit Vanille, Kaffee und Schokolade.*

■ Cartoon Fantasy

Ingredients
Small strawberry mousse *
Small dark chocolate mousse *
Fresh fruit tartlet
Strawberry sauce
Starfruit

Method
Decorate the plate with the coloured chocolate which has been made on a rhodoid and arrange the three miniatures as suggested in the photograph.

■ Die Welt des Trickfilms

Zutaten
Kleine Erdbeer-Mousse*
Kleine dunkle Schokoladen-Mousse*
Frischobst-Törtchen
Erdbeer-Sauce
Karambole

Zubereitung
Farbige Schokoladen-Dekorationen, die auf einem Plastik hergestellt wurden, auf dem Teller arrangieren und mit den Mini-Desserts ausgarnieren wie auf dem Bild.

■ Il Mondo dell' Immaginazione

Ingredienti
Piccola Mousse di fragole*
Piccola mousse di cioccolato nero*
Tartellette alla frutta fresca
Coulis di fragole
carambola

Preparazione
Su un rodoide realizzate le decorazioni di cioccolato colorato. Disporre su un piatto le tre miniature come mostra la foto.

■ *Mango and Glutinous Rice*

Ingredients
White, yellow and brown sticky rice
Mango
Coconut milk
Bamboo stick
Mint leaves
Roasted chopped almonds

Method
Peel the mango starting from the base. Remove the fillet and slice into long pieces. Place the three kinds of glutinous rice in the bisected bamboo and sprinkle with the chopped almonds topped with coconut milk thickened with starch. (Glutinous rice is a variety of rice where most of the starch has been retained and which must be steamed and is usually available in oriental outlets).

Serving Advice
Peel the mango at the last possible moment, it soon turns black. The coconut milk also tends to sour quickly.

■ *Mango mit Klebreis*

Zutaten
Weisser, gelber und brauner Klebreis
Mango
Kokosmilch
Bambus
Pfefferminzblätter
Geröstete gehackte Mandeln

Zubereitung
Die Mango von Ansatz her schälen. Die Fruchtfilets herausschneiden und in längliche Stücke schneiden. Die drei Arten Klebreis in den halbierten Bambus füllen, die gehackten Mandeln darauf streuen und mit Kokosmilch, die mit Stärke eingedickt wurde, beträufeln. (Beim Klebreis handelt es sich um eine Art Reis, der noch den Hauptanteil an Stärke enthält, der im Dampf gegart werden muss und in orientalischen Feinkostläden erhältlich ist.)

Serviervorschlag
Die Mango im letzten Moment schälen, sie wird schnell braun. Frische Kokosmilch hat die Tendenz, rasch sauer zu werden.

■ *Mango e Riso Glutinato*

Ingredienti
Riso glutinato (bianco, giallo e bruno)
Mango
Latte di cocco
Bamboo
Foglia di menta
Mandorle tostate e tritate

Preparazione
Pelare il mango iniziando dalla base. Togliere il nocciolo e tagliare in grosse fette. Porre i tre tipi di riso all'interno del bamboo e spolverare con le mandorle tritate coperte con il latte di cocco condensato con l'amido.(Il riso glutinato è una varietà di riso che trattiene l'amido e deve essere cucinato a vapore. Lo si trova nei negozi specializzati in prodotti asiatici).

Consigli
Pelare il mango all'ultimo momento altrimenti diventa subito nero. Fare attenzione al latte di cocco che tende a inacidire velocemente.

THAILAND

Maple and Pine Kernel Parfait

Ingredients
Maple and pine kernel parfait *
Tulipan maple leaf dough *
Acacia honey
Marzipan

Method
Make the pine kernels and the moss from the marzipan. Fill the squirrel with honey. Place a large scoop of maple parfait on the maple leaf.

Ahorn- und Pinienkernen-Parfait

Zutaten
Ahorn- und Pinienkernen-Parfait*
Ahornblatt-Hippenteig*
Akazienhonig
Marzipan

Zubereitung
Aus dem Marzipan Pinienkerne und Moos herstellen. Das Eichhörnchen mit Honig füllen. Eine grosse Kugel Ahorn-Parfait auf das Ahornblatt setzen.

Semifreddo di Acero ai Pinoli

Ingredienti
Semifreddo di acero e pinoli*
Foglia d'acero in pasta di tulipano*
Miele d'acacia
Marzapane

Preparazione
Preparare con il marzapane le pigne e il muschio, riempire lo scoiattolo con il miele. Disporre una pallina di parfait dentro la foglia di acero.

Berries and Fresh Cheese Mousse

Ingredients
Mosaic biscuit *
Fresh cheese mousse *
Raspberries and blackberries Syrup
Peach, raspberry and blackberry sauces
Apricot gel
Mint leaves

Method
Arrange the biscuit inside the ring. Alternate two slices of soaked biscuit with the fresh cheese mousse and a small quantity of berries. Finish off with a topping of glazed berries.

Beeren- und Frischkäse-Mousse

Zutaten
Mosaik-Biskuit*
Frischkäse-Mousse*
Himbeeren und Brombeeren Sirup
Pfirsich-, Himbeer- und Brombeer-Saucen
Aprikosen-Gel
Pfefferminzblätter

Zubereitung
Das Biskuit in einen Ring geben. Zwei Lagen getränktes Biskuit abwechselnd mit Frischkäse-Mousse und wenig Beeren einfüllen. Mit glasierten Beeren abschliessen.

Mousse al Formaggio Bianco e Frutti Rossi

Ingredienti
Biscotto mosaico*
Mousse di formaggio fresco*
Sciroppo di lamponi e more
Coulis di fragole, more e pesche
Gelatina di albicocche
Foglie di menta

Preparazione
Mettere il biscotto all'interno del disco ad anello. Alternare due fette di biscotto con la mousse di formaggio e un po' di frutta rossa. Ultimare con i frutti glassati.

■ Galangal Pineapple "Aumoniere"

Ingredients
Two pancakes
Cocoa powder
Pineapple mixture
Orange zests
Ginger and chocolate sauces
Syrup

Method
Fill two pancakes with a mixture of pineapple cubes sauteed in butter and brown sugar. Simmer with galangal (or alternatively, ginger). Tie the pancakes with orange zests poached in a coloured syrup.

Serving Suggestions
To prevent the powder being blown away in a cloud of cocoa, brush lightly with syrup at 30° Baume before dusting.

■ Opfersäcklein mit Galangal-Ananas

Zutaten
Zwei Pfannkuchen
Kakaopulver
Ananas-Mischung
Orangenschale
Ingwer- und Schokoladen-Saucen
Sirup

Zubereitung
Die beiden Pfannkuchen mit der Mischung aus in Butter und braunem Zucker gedämpften Ananas-Würfeln. Mit Galangal (oder Ingwer) köcheln. Die Pfannkuchen mit in gefärbtem Sirup gedämpfter Orangenschale zusammenbinden.

Serviervorschlag
Um das Kakaopulver am Wegblasen zu hindern, den Grund zuerst mit 1260° dickem Sirup bestreichen vor dem Bestäuben mit Kakaopulver.

■ Armonia di Ananas al Galanga

Ingredienti
Due crépes
Cacao in polvere
Mix di ananas
Julienne di buccia di arancia
Crema inglese allo zenzero e cioccolato
Sciroppo

Preparazione
Farcire le due crépes con il mix di ananas tagliata a cubetti e rosolata in burro e zucchero di canna. Cuocere a fuoco lento con il galanga (o in alternativa lo zenzero). Chiudere le crepes con la julienne imbevuta con lo sciroppo colorato.

Suggerimenti
Per evitare che la polvere di cacao si disperda, spennellare leggermente con sciroppo a 30° Baume prima dell'utilizzo.

Far East Delight
*Flower in pulled * and blown * sugar with assorted Asian caramels*

Dolcezze d'Asia
Fiore in zucchero tirato e soffiato* con assortimento di caramelle asiatiche.*

Asiatischer Traum
Blume aus gezogenem und geblasenem* Zucker mit assortierten asiatischen Karamellen.*

SINGAPORE

■ Farandole of Desserts

Ingredients

Chocolate and hazelnut biscuit *
Lemon mousse *
Frosted kiwi sherbet *
Ganache
Cocoa Powder

Wild strawberry tartlet
Fresh fruits
Peach and vanilla sauces
Bicoloured chocolate sheets

Note
It is essential with this dessert to have a good mise en place as this dessert usually represents the different specialities of the house.

■ Dessert-Farandole

Zutaten

Schokoladen- und Haselnuss-Biskuit
Zitronen-Mousse*
Geeistes Kiwi-Sorbet*
Ganache
Kakaopulver

Walderdbeer-Törtchen
Frisches Obst
Pfirsich- und Vanille-Saucen
Zweifarbige Schokoladenblätter

Anmerkung
Für dieses Dessert ist eine ausreichende Mise en Place nötig, da es die verschiedenen Haus-Spezialitäten präsentiert.

■ Farandola di Dessert

Ingredienti

Biscotto al cioccolato e nocciole*
Mousse al limone*
Sorbetto di kiwi gelato*
Ganache
Polvere di cacao

Tartellette di fragole di bosco
Frutta fresca
Salse alla vaniglia e pesca
Fogli di cioccolato bicolore

Note
E' essenziale che questo dessert abbia una buona mise en place rappresentando le differenti specialità della casa.

Note All the recipes in this have been especially created for "plate service", accordingly gelatine has been used sparingly. For commercial use the amount of gelatine should be increased slightly.

Anmerkung All diese Desserts wurden speziell für Teller-Service kreiert. Deshalb wurde wenig Gelatine dafür verwendet. Für kommerzielle Verwendung etwas mehr Gelatine zufügen.

Note Tutte le ricette sono state create per realizzare un "piatto di servizio", volutamente abbiamo utilizzato poca gelatina. Per l'uso commerciale la quantità della gelatina andrà incrementata.

Tropical Fruits

Tropisches Obst

Frutta Tropicale

■ WATERMELON

Very large, oval or round, light or dark green fruits. The flesh varies from pink, red or yellow, according to the variety.

Weight Up to 8kg.

Taste and Texture Initial crispness gives way to a soft, squelchy mouthful. Very refreshing with sweet taste, especialy the red coloured flesh. The pip like seeds can also present a disposal problem.

Advice A mature fruit should sound hollow when tapped. The flesh should be served chilled where possible.

Calories Per 100g - 7

■ WASSERMELONE

Sehr gross, oval oder rund, hell- oder dunkelgrüne Früchte. Das Fleisch ist je nach Art rosa, rot oder gelb.

Gewicht Bis zu 8 kg

Aroma und Struktur Zuerst knackig und dann weich und saftig. Sie schmeckt nicht sehr intensiv, aber erfrischend-süss, besonders die rotfleischige Art. Die ziemlich grossen Samen können problematisch sein.

Tipp: Die reife Frucht sollte hohl tönen, wenn man daran klopft. Das Fleisch sollte wenn möglich gekühlt serviert werden.

Kalorien per 100g - 7

■ ANGURIA

Molto grande, ovale o rotonda, verde chiaro o scuro. La polpa varia da rosa a rossa o gialla in base alla varietà.

Peso fino a 8 kg

Sapore e Caratteristiche La sua polpa è molto rinfrescante e dal gusto dolce ma non altrettanto saporita.

Consigli Un frutto ben maturo ha un suono "vuoto" quando lo si batte leggermente con la mano.

Calorie per 100g -7

■ POMELO

Known also as "pummelo" and "shaddock", the pomelo with its yellow green skin is really a variety of grapefruit.

Weight Up to 2Kg.

Taste and Texture Segmented flesh, yellow or pale pink with a sweeter and more aromatic taste than the tartier grapefruit.

Calories Per 100g -43

■ POMELO

Die auch als "Pummelo" bekannte Frucht mit der grün-gelben Schale gleicht der Grapefruit, ist aber grösser und hat eine andere Struktur.

Gewicht Bis zu 2 kg

Aroma und Struktur Das Fruchtfleisch ist in Segmente unterteilt und gelb oder hellrosa. Es ist trockener, aber auch aromatischer und süsser als das der Grapefruit.

Kalorien per 100g - 43

■ POMELO

Conosciuto anche come "Pummelo" o "shaddock", il pomelo è giallo con la buccia verde e fa parte della famiglia del pompelmo.

Peso fino a 2 kg

Sapore e caratteristiche La polpa divisa a spicchi,gialla o rosa pallida è più dolce ed aromatica dell'aspro pompelmo

Calorie per 100g-43

Watermelons •Wassermelone • Anguria

Pomelos • Pomelo • Pomelo

■ LYCHEE

Originally from China, this asian favourite grows in clusters of thin pinkish shells which contain the seeded fruit.

Taste and Texture Very sweet with a soft, juicy texture and slightly acid.

Calories Per 100g - 57

■ LITSCHI

Ursprünglich in China beheimatet, wächst diese sehr beliebte asiatische Frucht in Büscheln. Die Frucht mit ihrem Kern ist von einer dünnen rosa Schale umhüllt.

Aroma und Struktur Sehr süss mit weicher, saftiger Struktur und leicht bitter.

Kalorien per 100g - 57

■ LITCHI

Originario della Cina, questo frutto cresce in grappoli, ha la buccia rosata e il frutto interno bianco.

Sapore e caratteristiche Soffice, profumato e leggermente acidulo.

Calorie per 100g-57

Tamarind and lychee • Tamarinde und Litschi • Tamarindo e litchi

■ TAMARIND

Originally from Africa, the large tamarind tree bears numerous cylindrical like, greenish brown bean pods from 10 - 20 cm in length and about 2 cm in circumference, which turn a greeny pink at maturity. The pods turn to a brown colour when the fruit has dried. Because of its laxative properties, tamarind should be eaten with moderation.

Taste and Texture There are both sweet and sour varieties of tamarind. The flesh of both kinds is green and firm when unripe, brown and soft when ripe. The sour variety is most suitable for sherbets (short conservation, its texture becomes granular after a few days).

Calories Per 100g - 314

■ TAMARINDE

Ursprünglich aus Afrika, trägt der grosse Tamarindenbaum viele grünlich-braune zylindrische Früchte von 10-20 cm Länge und 2 cm Durchmesser, die sich grünlich-rosa färben, wenn sie reif sind. Wenn sie am Baum trocknen, werden sie zimtfarben. Wegen ihrer abführenden Wirkung ist sie mit Mass zu geniessen.

Aroma und Struktur
Es gibt sowohl süsse wie auch säuerliche Arten von Tamarinden. Das Fruchtfleisch beider Arten ist grün und fest, wenn sie unreif sind und braun und weich wenn reif. Die säuerliche Art eignet sich sehr gut für Sorbets (lässt sich nicht lange aufbewahren, da sich seine Struktur nach wenigen Tagen verändert).

Kalorien per 100g - 314

■ TAMARINDO

Originario dall'Africa, l'albero del tamarindo produce numerosi frutti a forma cilindrica con il guscio verde marrone che vanno dai 10 ai 20 cm di altezza e fino ai 2 cm di circonferenza. I frutti quando raggiungono la maturazione diventano di colore verde rosa. Diventano marroni quando sono secchi. Poiché hanno una funzione lassativa se ne consiglia un uso moderato.

Sapore e caratteristiche Ci sono due varietà di tamarindo, una dolce ed una acidula. La polpa di ambedue è verde e compatta quando è acerbo, marrone e mobida quando è matura. La varietà acidula è più adatta ai sorbetti (ha una breve conservazione e dopo pochi giorni diventa granulosa)

Calorie per 100g –314

Custard Apple • Stachelannone • Mele coustard

■ CUSTARD APPLE

There are several varieties of this fruit, a native of the Indies. The dark brown variety, is known also as 'bullock's heart' and contains a sweet, reddish yellow pulp. Those commonly found in asia have a segmented white flesh in a knobbly green shell. The flesh is usually full of inedible seeds. Those with 'big eyes' are the best choice.

Taste and Texture Sweet and slightly granular creamy white pulp.

Calories Per 100g - 93

■ STACHELANNONE (COROSSOL)

Die aus Indien stammenden Annonen kommen in verschiedenen Variationen vor. Die dunkelbraune Art besitzt süsses, rotgelbes Fruchtfleisch. Die in Asien bekannte Art hat weisses Fruchtfleisch und ist aussen rau. Das Fruchtfleisch ist voller nicht essbarer Samen. Man wählt am besten jene mit grossen "Augen".

Aroma und Struktur Süss mit leicht körnig-cremigem weissem Fruchtfleisch.

Kalorien per 100g - 93

■ MELE COUSTARD

Esistono parecchie varietà di questi frutti nativi delle Indie. La varietà nera e marrone è anche conosciuta come "il cuore di bue" e ha una polpa dolce, di colore gialla rossiccia . Quelle che comunemente si trovano in Asia hanno la polpa bianca, segmentata, con guscio nodoso di colore verde. La polpa contiene dei semi non commestibili. Questo tipo con "gli occhi grandi" è il migliore.

Sapore e caratteristiche Dolce e con la polpa di colore bianco crema leggermente granulare.

Calorie per 100g -93

Papaya • Papaya • Papaia

■ PAPAYA

Yellowy orange or yellowy green skin, this fruit, common is Asia is also known as paw-paw.

Weight Around 5kg

Taste and Texture The soft fragrant and sweet flesh is either orange yellow or a deeper red orange colour and surrounds a soft core of small black seeds.

Advice The yellow orange fleshed variety is to be preferred to the other which has a disagreeable odour.

Calories Par 100g - 51

■ PAPAYA

Mit ihrer grüngelben oder orangefarbenen Schale ist diese Frucht in Asien sehr verbreitet.

Gewicht bis 5 kg

Aroma und Struktur Das süsse Fleisch mit wenig Geschmack ist entweder orange-gelb oder dunkelrot-orange mit einem Kern mit kleinen schwarzen Samen.

Tipp Die gelb-orange-fleischige Art ist der anderen vorzuziehen, welche sehr streng riecht.

Kalorien per 100g - 51

■ PAPAIA

Dalla buccia giallo arancione o giallo verde, questo frutto, comune in Asia è anche conosciuto come paw paw.

Peso circa 5 kg

Sapore e caratteristiche La delicata ,fragrante e dolce polpa, è sia giallo-arancio che rosso-arancio e avvolge un soffice cuore di semi neri.

Nota La varietà giallo-arancione è preferibile all'altra, la quale ha uno sgradevole odore.

Calorie per 100g-51

Breadfruit • Brotfrucht • Frutto del pane

■ BREADFRUIT

The breadfruit tree originated in Polynesia and spread to Southeast Asia and the West Indies. Most popular today in the Southeast Asian region. Together with the durian and jackfruit, the breadfruit is considered scientifically to be a 'primitive' form, exemplifying basic fruit development. It is a cultivated fruit, oval in shape with horny, green skin. After being boiled or baked the flesh resembles freshly baked bread - hence the name.

Weight 0.3 to 3 kg

Taste and Texture The flesh is a moist pale yellow mass, consisting largely of carbohydrates. The taste, is sweet similar to that of the artichoke.

Calories Per 100g - 113

■ BROTFRUCHT

Der aus Polynesien stammende Brotfruchtbaum hat sich auch in Südost-Asien und Westindien verbreitet. In Südost-Asien sehr beliebt, gilt die Brotfrucht wie Durian und Jackfrucht wissenschaftlich als "primitive" Entwicklungsform. Die ovale Frucht mit stachliger grüner Schale wird kultiviert. Das gekochte oder gebackene Fruchtfleisch gleicht frischem Brot - daher der Name.

Gewicht 0,3 bis 3 kg

Aroma und Struktur Das Fleisch ist eine feuchte, hellgelbe und stärkehaltige Masse. Das Aroma ist süss und ähnlich der Artischocke.

Kalorien per 100 g - 113

■ FRUTTO DEL PANE

Originario dell'arcipelago Polinesiano ma diffuso anche nell'Est Asiatico e nella parte ovest dell'India. Ma più popolare nella regione del sud Est Asiatico. Insieme al Duriano e Jackfruit, Il Frutto del pane è considerato un frutto primitivo. Ha una forma ovale, è calloso al tatto e la sua buccia è verde. Dopo averlo bollito o cotto in forno la polpa somiglia molto al pane appena cotto….da qui il nome…

Peso da 0.3 a 3 kg

Sapore e caratteristiche La polpa è una massa umida di colore giallo pallido, è molto ricco di carboidrati. Il sapore è dolce simile a quello del carciofo.

Calorie per 100g -113

■ MANGOSTEEN

Originally from Malaysia, this dark reddish purple fruit is the size of a small apple. The skin peels to reveal the segmented white flesh, each containing a pip.

Taste and Texture One of Asia's all-time favourites, the Mangosteen's inviting white segments are sweet and very juicy.

Calories Per 100g - 81

■ MANGOSTANE

Die ursprünglich aus Malaysia stammende dunkelrot-violette Frucht ist so gross wie ein kleiner Apfel. Beim Schälen zeigt sich das weisse Fleisch in Segmenten, welche je einen Kern enthalten.

Aroma und Struktur Mit ihren weissen, süssen und sehr saftigen Fruchtsegmenten ist die Mangostane ein Favorit in Asien.

Kalorien per 100g - 81

■ MANGOSTENO

Originario della Malesia, questo frutto rosso porpora scuro, ha la grandezza di una mela. Una volta sbucciato, la polpa si presenta bianca e divisa in più spicchi, ognuno con il suo torsolo.

Sapore e caratteristiche Sicuramente uno dei frutti più favoriti in Asia, dolce e rinfrescante.

Calorie per 100g-81

Mangosteen • Mangostane • Mangosteno

Garsluria, Rambutan and Zalacca • Garsluria, Rambutan und Salak • Rambutan, Garsluria e Zalacca

■ GARSLURIA

Known also in some parts of Asia as 'Mango Plum' this fruit has the appearance when ripe of a yellow orange plum.

Taste and Texture The soft, mushy flesh surrounds a plum-like purple-centered stone and has a sweetish taste. The thin skin can also be eaten.

Calories Per 100g - 60

■ GARSLURIA

Simile a una bella prugna leggermente più allungata e di colore giallo -arancio.

Sapore e caratteristiche La polpa, molle e soffice circonda un nocciolo al centro ed ha un sapore dolciastro. La buccia, può essere mangiata.

Calorie per 100 g- 60

■ GARSLURIA

In einigen Gegenden Asiens auch als Mangopflaume bekannt, hat die reife Frucht das Aussehen einer gelb-orangen Pflaume.

Aroma und Struktur Das weiche, breiige Fleisch umschliesst einen pflaumen-ähnlichen Stein mit violettem Kern und schmeckt süsslich. Die Haut ist essbar.

Kalorien per 100g - 60

■ RAMBUTAN

Very popular in certain parts of asia, especially Thailand, the red and yellow rambutan, looks something like a hairy chestnut.

Taste and Texture Pinch open the fruit and the inner 'ball' of the rambutan almost pops out from a white pithy inners hell. The fruit is very sweet and juicy and almost translucent.

Calories Per 100g - 63

■ RAMBUTAN

Sehr beliebt in gewissen Teilen Asiens, gleichen die roten und gelben Rambutan behaarten Kastanien.

Aroma und Struktur Beim Aufdrücken spickt die innere Kugel der Rambutan mit ihrem grossen Kern heraus. Das Fruchtfleisch ist süss und saftig und fast durchsichtig.

Kalorien per 100g - 63

■ RAMBUTAN

Molto popolare in certe parti dell'Asia soprattutto in Thailandia, questo frutto giallo e rosso somiglia molto ad una castagna pelosa.

Sapore e caratteristiche La sua polpa è dolce, croccante, succosa e leggermente acida.

Calorie per 100g-63

■ ZALACCA

Also known as Snake Fruit in some parts of Asia, the zalacca is a very small cone - shaped fruit with a thin skin, deep orange - red when ripe.

Taste and Texture A pale brown soft flesh surrounds an inedible brown seed. The taste is sweetish and very pronounced.

Calories Per 100g - 51

■ SALAK

Auch bekannt als Schlangenfrucht in einigen Gegenden Asiens, ist die Salak eine sehr kleine kegelförmige Frucht mit dünner dunkeloranger Haut, die sich beim Reifwerden rot färbt.

Aroma und Struktur
Hellbraunes weiches Fleisch umgibt einen nicht essbaren Kern. Das Aroma ist süsslich und sehr ausgeprägt.

Kalorien per 100g - 51

■ ZALACCA

Conosciuto anche come Frutto Serpente in alcune parti dell'Asia, la Zalacca è un frutto molto piccolo a forma conica, con una sottile buccia di colore rosso quando è matura.

Sapore e caratteristiche Una morbida polpa marrone pallida, circonda un nocciolo non commestibile. Il sapore è dolciastro e molto forte.

Calorie per 100g-51

■ DURIAN

Widely considered as the king of asian fruits, the durian has a hard, spiky green shell which gives it the appearance of an armour plated rugby football. Flesh is arranged in segments, the fewer the segments, the better the fruit. Usually not less than three.

Taste and Texture Sweet yellow flesh with high sulphur content which no doubt accounts for the durian's pungent odour.

Weight 2 - 3kg, up to 5kg and more.

Storage In a cool and well ventilated location. The pulp can be vacuum packed and frozen to avoid the diffusion of the notorious strong smell.

Calories Per 100g - 129

■ DURIAN

Weit herum als König der asiatischen Früchte betrachtet, besitzt die Durian eine harte, stachlige grüne Schale, die ihr das Aussehen eines gepanzerten Rugby-Balls verleiht. Das Fruchtfleisch ist in Segmente unterteilt, je weniger Segmente, desto besser schmeckt die Frucht (meistens nicht unter drei).

Aroma und Struktur
Süsses gelbes Fleisch mit hohem Schwefelgehalt, welcher den beissenden Geruch verursacht.

Gewicht 2-3 kg, bis zu 5 kg und mehr

Aufbewahren an einem kühlen und gut durchlüfteten Ort. Das Fruchtfleisch kann vakuumiert und tiefgekühlt werden, um den berüchtigten strengen Geruch zu vermeiden.

Kalorien per 100g - 129

Durian • Durian • Il Duriano

■ DURIANO

Considerato in Asia come il re dei frutti, il duriano ha un duro guscio verde che lo fa sembrare una corazza per giocare a rugby. La polpa è divisa in spicchi, minore è il loro numero, migliore è il frutto, normalmente, ogni frutto, non ne contiene meno di tre.

Sapore e caratteristiche Ha una polpa gialla e dolce con un alto contenuto di zolfo che gli conferisce un odore molto forte.

Peso da 2-3 fino a più di 5 kg

Conservazione In frigo bene ventilato. La polpa può essere confezionata sottovuoto e messa nel congelatore per evitare il diffondersi del suo forte odore.

Calorie per 100g-129

Avocados, Mangoes and Santols
Avocados, Mangoes und Santols
Avocado, Mango e Santol

■ AVOCADO

A dark green skin and yellow flesh when ripe with a large central stone. The ripe fruit is soft but feels firm when gently pressed with the fingers.

Taste and Texture The soft yellow flesh has a butter like consistency with a slightly sweet taste reminiscent of the hazelnut

Advice Puree flesh or freeze to make icecream, sherbet or cake. Avocado puree combines well with bananas.

Calories Per 100g - 239

■ AVOCADO

Mit dunkelgrüner Schale und gelbem Fleisch bei der Reife und einem grossen Stein. Die reife Frucht ist weich, gibt aber auf sanften Fingerdruck nicht nach.

Aroma und Struktur Das weiche gelbe Fleisch hat eine ähnliche Konsistenz wie Butter und ein leicht süsses Aroma, das an Haselnüsse erinnert.

Tipp Das Fruchtfleisch pürieren oder tiefkühlen zur Herstellung von Eis, Sorbet oder Kuchen. Avocado-Püree passt gut zu Bananen.

Kalorien per 100g - 239

■ AVOCADO

Dalla buccia di colore verde scuro e la polpa gialla quando è maturo. Ha un grande nocciolo al centro. Il frutto maturo è soffice ma nello stesso tempo compatto se si pressa delicatemente con le dita.

Sapore e caratteristiche La polpa morbida e gialla ha la consistenza del burro, il sapore è leggermente dolce e ricorda la nocciola.

Note Può essere utilizzato fresco per fare un puree o congelato per fare il gelato, il sorbetto o una torta. Il puree si sposa bene con le banane.

Calorie per 100g-239

■ MANGO

The ripe fruit is green to reddish yellow. The good quality mangoes have a medium sized seed in relation to the fruit.

Taste and Texture The yellow, peach like flesh has a distinctive taste and aroma, very appealing and addictive to the discerning palate.

Storage In a cool and dark place or wrapped in newspaper. Ripened fruit will not last more than two days.

Advice The fruit can be successfully frozen after peeling and slicing.

Calories Per 100g - 81

■ MANGO

Die reife Frucht ist grün bis rötlich-gelb. Mangos von guter Qualität haben einen mittelgrossen Kern in Relation zur Frucht.

Aroma und Struktur Das pfirsich-ähnliche Fleisch riecht und schmeckt sehr ausgeprägt und schmeichelt dem verwöhnten Gaumen.

Aufbewahren an einem kühlen, dunklen Ort oder in Zeitungspapier eingewickelt. Die reife Frucht hält sich höchstens für zwei Tage.

Tipp Das Fruchtfleisch, geschält und geschnitten, eignet sich sehr gut zum Tiefkühlen.

Kalorien per 100g - 81

■ MANGO

Di forma ovale, il mango, può avere una colorazione verde rossastra e successivamente gialla quando è maturo. Una buona qualità contiene dei semi di media grandezza in relazione al frutto.

Sapore e caratteristiche Il frutto ingiallito ha una polpa simile alla pesca con un sapore distinto e un aroma riconoscibile

Conservazione Al freddo non esposti alla luce oppure arrotolati in un giornale. Il frutto maturo ha una conservazione di due giorni al massimo.

Note Il frutto può essere congelato dopo averlo sbucciato e tagliato a fette.

Calorie per 100g-81

■ SANTOL

Native to South East Asia the santol, about the size of a small apple has a softish brownish skin when ripe with a pithy lining covering a soft segmented fruit.

Taste and Texture The edible inner fruit has a soft, whitish, fluffy appearance with a sweet slightly acid taste. The seeds are inedible. In some varieties the skin can also be eaten.

Calories Per 100g - 57

■ SANTOL

Die aus Ostasien stammende Santol, die einem kleinen Apfel gleicht, hat bei der Reife eine sanftbraune Haut mit kerniger Innenseite, die eine weiche segmentierte Frucht umhüllt.

Aroma und Struktur Die essbare innere Frucht ist weich, weisslich und flockig und schmeckt süss und leicht bitter. Die Samen sind nicht essbar. Bei einigen Arten kann die Haut auch gegessen werden.

Kalorien per 100g - 57

■ SANTOL

Nativo del sud est asiatico, il santol, ha la misura di una piccola mela con una morbida buccia marrone e una volta pelata, un rivestimento interno, copre la polpa a spicchi.

Sapore e caratteristiche La parte interna del frutto, commestibile, morbida e soffice ha un gusto dolce e nelle stesso tempo acidulo. I semi non sono commestibili, e in alcune varietà, la buccia si può mangiare.

Calorie per 100g- 57

Guavas, Java Apples and Jujubes • Guave, Java-Apfel und Jujube Guava, Mele Java e giuggiole

■ GUAVA

The most common variety has a thick, shiny green skin which yellows as it ripens. About the size of a vary large apple, the guava is not for those with a sweet tooth.

Taste and Texture The flesh of the fully matured fruit is white, with a crisp texture and slightly acid to the taste. When riper the flesh softens and becomes red.

Storage Keep in a very cool place. Before freezing, poach in syrup for five minutes. To use in a puree, boil the pulp and strain.

Advice Choose the larger fruit which have less seeds.

Calories Per 100g - 51

■ GUAVE

Die bekannteste Art hat eine dicke, glänzend-grüne Haut, die bei der Reife gelb wird. Sie ist etwa so wie ein grosser Apfel, eignet sich aber nicht für jene, die Süsses vorziehen.

Aroma und Struktur Das Fleisch der reifen Frucht ist weiss, leicht knackig und schmeckt leicht bitter. Wenn sie ganz ausgereift ist, wird das Fleisch weich und rot.

Aufbewahren an einem sehr kühlen Ort. Vor dem Tiefkühlen 5 Minuten in Sirup pochieren. Für Püree das Fruchtfleisch kochen und absieben.

Tipp Grössere Früchte wählen, die weniger Samen haben.

Kalorien per 100g - 51

■ GUAVA

La varietà più comune ha la buccia verde, spessa e luccicante che diventa gialla una volta maturo. E' più grande di una mela e non indicato per chi ama i sapori dolci.

Sapore e caratteristiche La polpa del tutto matura è bianca, croccante ed ha un sapore leggermente acido. Quando si pela diventa rossa.

Conservazione Tenere al freddo. Prima di porla nel congelatore, sbollentarla nello sciroppo per 5 minuti. Per fare il puree, bollire la polpa quindi filtrare.

Note I frutti più grandi hanno meno semi

Calorie per 100g-51

■ JAVA APPLE

Also known as the rose apple and originating in Indonesia as its name suggests this small, decorative fruit can provide an unusual and exotic addition to the table. From about the size of a chestnut to that of a tomato, the red, bell-shaped java apple can also be pale green or pinkish in colour.

Taste and Texture Slightly acid, sweetish taste with a lingering sharpness, the flesh is crunchy and can be eaten like an apple.

Calories Per 100g - 20

■ JAVA-APFEL

Die auch als Rosenapfel bekannte und in Indonesien beheimatete Frucht ist klein und dekorativ und kann der Tafel einen exotischen Hauch verleihen. Von der Grösse einer Kastanie bis zu jener einer Tomate können die birnenförmigen Java-Äpfel rot, hellgrün oder rosa sein.

Aroma und Struktur Die Frucht mit ihrem bitter-süsslichen Aroma, mit einer anhaltenden Schärfe und knackigem Fleisch kann wie ein Apfel gegessen werden.

Kalorien per 100g - 20

■ MELA JAVA

Originaria dell'Indonesia come suggerisce il nome, questo piccolo frutto viene usato in modo inusuale ed esotico per decorare la tavola. La misura varia dalla grandezza di una castagna a quella di un pomodoro. A forma di campana, può essere rossa, verde o rosata.

Sapore e caratteristiche Leggermente acida, ma dal sapore dolce con una prolungata asprezza. La polpa si presenta croccante e può essere mangiata come fosse una mela.

Calorie per 100g -20

Longans and Sapodillas • Longane und Sapodilla • Longane e Sapotille

■ JUJUBE

Known also as the crab apple, the jujube comes from the tree of the same name of which there are two main varieties. The common variety is cultivated in western Europe and the Far East whilst the less common is to be found in China. The jujube tree has long been a source of ingredients for a popular throat pastille.

Taste and Texture The fruit has the appearance of a large green plum with a taste and texture very similar to a pear.

Calories Per 100g - 113

■ JUJUBE

Die aus China kommende Jujube stammt vom gleichnamigen Baum, von dem es zwei Hauptarten gibt. Die übliche Art wird in Westeuropa und im Fernen Osten kultiviert, während man die weniger übliche in China findet. Der Jujube-Baum hat lange Zeit Ingredienzen für eine bekannte Halspastille geliefert.

Aroma und Struktur Die Frucht gleicht einer grossen grünen Pflaume mit dem Aroma und der Struktur ähnlich einer Birne.

Kalorien per 100g - 113

■ GIUGGIOLE

Frutto originario della Cina, con due varietà di albero. Una coltivata principalmente nell'Europa del sud, l'altra in Asia.

Sapore e caratteristiche Il frutto ha l'apparenza di una prugna verde ma dal gusto dalle le caratteristiche può essere paragonata ad una pera.

Calorie per 100g-113

■ LONGAN

A luscious small fruit with a brownish skin originally from China and the Indes (the Chinese call it 'The Eye of the Dragon' after the shape of the stone), it is usually sold in bunches.

Taste and Texture Translucent white flesh, very sweet and juicy with a central inedible black seed.

Calories Per 100g - 109

■ LONGANE

Die köstliche kleine Frucht mit bräunlicher Haut stammt ursprünglich aus China und Indien (die Chinesen nennen sie 'Drachenauge' wegen der Form des Steins) und wird in Büscheln verkauft.

Aroma und Struktur Durchsichtig weisses Fleisch, sehr süss und saftig mit einem nicht essbaren schwarzen Mittelkern.

Kalorien per 100g - 109

Pomegranate, Limes and Langsat
Granatapfel, Limette und langsat
Grenade, Lime e Langsat

■ LONGANE

Un gustoso frutto con buccia marrone originario della Cina e le Indie (i cinesi lo chiamano, una volta pelato ed eliminato il seme "l'occhio del dragone"), solitamente viene venduto in grappoli.

Sapore e caratteristiche Polpa bianca traslucida, molto dolce e succosa con un nocciolo non commestibile al centro.

Calorie per 100g-109

■ SAPODILLA

From the tree of the same name, varieties of which are also the buckthorn, the naseberry and interestingly, the marmalade tree. The fruit, sometimes called the sapodilla plum, is round or oval, with a thin brown skin covering a caramel coloured flesh containing several small black pips.

Taste and Texture Very sweet and fleshy, slightly granular.

Advice Can be successfully used for a sherbet as is common in Central America and more especially in Mexico.

Calories Per 100g -83

■ SAPODILLA

Vom Baum mit demselben Namen gibt es auch verschiedene Arten. Die Frucht wird manchmal auch Sapodilla-Pflaume genannt, ist rund oder oval, mit einer dünnen braunen Haut, die das karamellfarbige Fleisch mit einigen kleinen schwarzen Samen umschliesst.

Aroma und Struktur Sehr süss und geleeartig, etwas körnig.

Tipp Diese Frucht kann sehr gut für Sorbets verwendet werden, welches in Zentralamerika und speziell in Mexiko sehr gebräuchlich ist.

Kalorien per 100g - 83

■ SAPOTILLE

Frutto dalla forma rotonda o ovale, con una sottile buccia marrone o dorata. La polpa contiene molti piccoli semi neri.

Sapore e caratteristiche Dalla polpa dolce e leggermente granulosa.

Note Questo frutto è particolarmente usato per realizzare sorbetti in America Centrale e più precisamente in Messico.

Calorie per 100g-83

■ LIME OR KAFFIR LIME

A small lemon-shaped greenish yellow citrus fruit from the lime tree, a small thorny tree originally native to South Asia. The fruit varies from 2.5cm to 4cm in diameter at its widest point.

Taste and Texture The peel has a distinctive odour evocative of eucalyptus, citronelle or ginger. The juice is plentiful and very acid differing from the limes found in Europe which usually come from South America.

Calories Per 100g - 36

■ LIMETTE ODER KAFFIR-LIMETTE

Eine kleine zitronenförmige grün-gelbe Zitrusfrucht vom Limettenbaum, einem niederen dornigen Baum, der ursprünglich aus Südasien stammt. An der dicksten Stelle hat die Frucht einen Durchmesser zwischen 2,5 - 4 cm.

Aroma und Struktur Die Schale hat einen sehr charakteristischen Geruch nach Eukalyptus, Zitronelle oder Ingwer. Die Frucht hat sehr viel ziemlich bitteren Saft und unterscheidet sich stark von den in Europa angebotenen Limetten, die von Südamerika kommen.

Kalorien per 100 g - 36

Coconut • Kokosnuss • Cocco

■ LIME O KAFFIR LIME

Un piccolo frutto giallo-verdognolo a forma sferica, il cui albero spinoso chiamato Lime nasce nel Sud dell'Asia. La grandezza del frutto varia da un diamentro di 2,5 cm a un massimo di 4 cm.

Sapore e caratteristiche Una volta sbucciato, l'odore ricorda l'eucalipto, la citronella o lo zenzero. Il succo è abbondante e molto acido. E' differente da quello che si trova in Europa, il quale arriva dal Sud America.

Calorie per 100g-36

■ POMEGRANATE

Originally from central Asia and the island of Socotora in the Gulf of Aden, the pomegranate is a round fruit with a red, leathery rind.

Taste and Texture The many seeds are covered with red juicy, sweetish flesh. The name itself means 'having seeds'.

Calories Per 100g - 72

GRANATAPFEL

Die ursprünglich aus Zentralasien und von der Socotora-Insel im Golf von Aden stammende Frucht ist rund mit roter, lediger Schale.

Aroma und Struktur Die vielen Samen sind in rotes, saftig süss-säuerliches Fleisch eingebettet. Der Name bedeutet 'Samen habend'.

Kalorien per 100g - 72

COCONUT

The mature nuts which have a brown and fibrous shell are used to make coconut cream, dried and shredded. The young, green coconut provides a delicious and refreshing drink.

Taste and Texture Sweet, very firm white flesh. Milk sweet with a lingering after taste.

Storage Mature nuts can be kept for several weeks in a dry place, the green nuts about one week. The milk is best pasteurised before use.

Calories Per 100g - Mature nuts - 414, green nuts - 106

KOKOSNUSS

Die reifen Nüsse mit ihrer braunen, faserreichen Schale werden zum Herstellen von Creme de Coco, getrocknet und geraspelt verwendet. Die jungen grünen Kokosnüsse liefern ein erfrischendes Getränk.

Aroma und Struktur Süsses, sehr festes weisses Fleisch. Die Milch ist süss mit anhaltendem Nachgeschmack.

Aufbewahren Reife Nüsse können einige Wochen lang an einem trockenen Ort aufbewahrt werden, grüne Nüsse etwa eine Woche. Es empfiehlt sich, die Milch vor Gebrauch zu pasteurisieren.

Kalorien per 100g - Reife Nüsse - 414, grüne Nüsse - 106

NOCE DI COCCO

La noce matura ha un colore marrone e un guscio fibbroso. La sua polpa, una volta seccata e tritata, viene usata per i gelati. Quella "novella" verde, viene utilizzata come bevanda rinfrescante.

Sapore e caratteristiche Frutto dal piacevole sapore con la polpa soda. Il latte lascia un prolungato sapore dolce.

Conservazione Il frutto maturo può essere tenuto per diverse settimane in un posto asciutto, la noce giovane si conserva per una settimana. Si consiglia di pastorizzare il latte prima dell'uso.

Calorie per 100g-Noce matura 414, noce giovane 106

MELOGRANO

Originario dall'Asia Centrale e dall'Isola di Socotora nel golfo di Aden, il frutto è rotondo dal colore dorato che raggiunge la tonalità del marrone quando è maturo. Ha la grandezza di una mela e la buccia rossa.

Sapore e caratteristiche Molti semi ricoprono la polpa succosa e dolce.

Calorie per 100g-72

JACKFRUIT

Very large, with a thick soft - thorned skin yellowish green is colour. The inner flesh produces a sticky sap so preparation is made easier with oiled utensils and hands.

Weight Usually between 5 - 15kg.

Taste and Texture The sweet yellow flesh has a firm almost crisp consistency and can easily be removed from the core. Each segment contains a stone. Its smell is similar to that of the durian but not so strong.

Calories Per 100g - 113

Jackfruit • Jackfrucht • Jackfruit

■ JACKFRUCHT

Sie ist gross und hat eine gelblich-grüne Haut mit weichen Stacheln. Das Fleisch gibt einen klebrigen Saft ab. Deshalb ist die Verwendung einfacher mit eingeölten Händen und Werkzeug.

Gewicht Gewöhnlich zwischen 5 - 15 kg

Aroma und Struktur Das süsse gelbe Fleisch ist von fester, fast knackiger Konsistenz und löst sich leicht vom Kern. Jedes Segment enthält einen Stein. Es riecht ähnlich wie jenes des Durian, aber nicht so stark.

Kalorien per 100g - 113

■ JACKFRUIT

Frutto molto grande con una spessa buccia spinosa verde-giallognola. La polpa produce all'interno una linfa appiccicosa per cui la sua preparazione è facilitata da utensili e mani unte.

Peso Di solito tra i 5 e i 15 kg

Sapore e caratteristiche La polpa di colore giallo è compatta e la sua consistenza croccante rende più facile rimuoverla dal suo torsolo

Calorie per 100g - 113

■ CARAMBOLA

Known also as the star apple or star fruit from the star shape produced when it is cut. Greenish yellow in colour, the skin is firm and very thin and should be peeled only at its brownish extremity.

Taste and Texture Tartish in taste, the flesh is very juicy and can be quite refreshing.

Calories Per 100g - 34

■ KARAMBOLE

Sie wird auch Sternfrucht genannt, weil beim Schneiden Sterne entstehen. Die feste Haut mit ihrer grün-gelben Farbe ist sehr dünn und sollte nur an den bräunlichen Enden leicht geschält werden.

Aroma und Struktur Die reifen Früchte sind saftig, leicht säuerlich und sehr erfrischend.

Kalorien per 100g - 34

■ CARAMBOLA

Chiamata anche Frutta a Stella o mela a stella dalla forma che prende una volta tagliata. Di colore gialla verdognola, con la buccia compatta e molto sottile, potrebbe essere semplicemente pelata eliminando le estremità marroni.

Sapore e caratteristiche Talvolta dal gusto acidulo, con polpa succosa e un gusto rinfrescante

Calorie per 100g - 34

■ LANGSAT - LONGKONG

These fruits are similar in appearance both having a yellow brown skin containing a bitter and green seed. The thin skin of the langsat also contains a milky, sticky sap. The longkong has a thicker skin with a smaller amount of non - sticky sap.

Taste and Texture The flesh of both fruits is off white in colour. That of the superior quality longkong is sweet and fragrant while the langsat is sweet and also slightly sour.

Calories Per 100g - 66

■ LANGSAT - LONGKONG

Diese beiden Früchte sind vom Aussehen her ähnlich, haben beide eine bräunliche Haut und enthalten einen bitteren grünen Samen. Die dünne Haut der Langsat enthält einen milchigen, klebrigen Saft. Die Longkong hat eine dickere Haut mit weniger nicht-klebrigem Saft.

Aroma und Struktur Das Fleisch beider Früchte ist nicht ganz weiss. Das des qualitativ besseren Longkong ist süss und wohlriechend, während das des Langsat süss und auch etwas sauer ist.

Kalorien per 100g - 66

■ LANGSAT - LONGKONG

Questi frutti dall'apparenza simile tra di loro hanno una buccia gialla marrone e contengono dei semi verdi e amari. La sottile buccia del Langsat contiene una linfa appiccicosa mentre quella del Longkong è più spessa ed ha minore quantita di linfa non appiccicosa.

Sapore e caratteristiche La polpa di ambedue I frutti è di colore bianco. Il Longkong di qualità superiore è dolce e fragrante mentre il Langsat, oltre ad essere dolce ha un gusto leggermente acido.

Calorie per 100g-66

Carambolas, Persimmons and Longkong • Karambole, Kaki und Longkong • Carambole, cachi e Longkong

■ PERSIMMON

The fruit of the persimmon tree (white ebony) can weigh from 100 to 500g. Plum like, turning from green to orange - red colour when ripe. Principally found in south east Asia it can contain from one to many seeds and sometimes none (Japanese gambling).

Taste and Texture The many seeded fruit are sour and astringent when green but sweet and edible when thoroughly ripe, with soft, yellowy orange flesh which is almost liquid at full maturity.

Calories Per 100g - 64

■ KAKI

Die Frucht des Kakibaums (weisses Ebenholz) wiegt zwischen 100 und 500 g. Wie eine Pflaume ist sie zuerst grün und wird bei Reife orange-rot. Sie kommt hauptsächlich in Südost-Asien vor und enthält von einem bis zu vielen Samen, manchmal auch keinen (dient in Japan als Vorbild für ein Geldspiel).

Aroma und Struktur Die samenreichen Früchte sind sauer und wirken zusammen ziehend, wenn sie grün sind, voll ausgereift jedoch schmecken sie gut und süss und ihr weiches, orangefarbiges Fleisch kann fast flüssig werden.

Kalorien per 100g - 64

■ CACHI

Il frutto dell'albero del cachi può pesare da 100 a 500g. Il colore varia dal verde al rosso-arancio quando è maturo. Principalmente si trova nel Sud Est Asiatico e può talvolta avere diversi semi e talvolta nessuno.

Sapore e caratteristiche Alcuni frutti con i semi sono acidi ed astringenti quando ancora sono acerbi, appena maturi, diventano dolci ed edibili, con una polpa di colore arancione e morbida. Quando sono del tutto maturi la polpa diventa quasi liquida.

Calorie per 100g - 64

Bread for the Table

Brot als Beilage

Il Pane da Tavola

The following suggestions and advice may help to speed up your bread making and make your work that much easier:
The basic temperature is equal to the sum of the temperature of the water, air and flour.

The water temperature is equal to the basic temperature minus the temperature of the air and flour.

If the dough is too hot, reduce the resting time and increase it if the dough is too cold.

When using improvers, check the manufacturer instructions.

The steam must always be injected before the bread is placed in the oven.

Individual French Bread
Kleine französische Brötchen
Panini Francesi

Die folgenden Vorschläge und Tipps werden Ihnen die Arbeit beim Brotbacken erleichtern:
Die Grundtemperatur ist gleich wie die Summe der Temperaturen von Wasser, Luft und Mehl.

Die Wassertemperatur errechnet sich, wenn man die Temperatur von Luft und Mehl von der Grundtemperatur abzieht.

Wenn der Teig zu warm ist, reduziert sich die Zeit des Aufgehens, wenn er zu kalt ist, verlängert sie sich.

Beim Verwenden von Hilfsmitteln die Anweisungen des Herstellers beachten.

Bevor das Brot in den Ofen geschoben wird, muss der Dampf eingeschaltet sein.

I suggerimenti e le note che seguono vi aiuteranno a rendere più veloce la realizzazione del pane e a rendere il vosto lavoro più facile.

La temperature base equivale alla somma della temperatura dell'acqua , dell'atmosfera esterna e della farina.

La temperatura dell'acqua è uguale alla temperatura base meno la temperatura dell'atmosfera esterna e della farina.

Se l'impasto è troppo caldo, ridurre il tempo di riposo e aumentarlo se è troppo freddo.

Quando usate il migliorante, verificate le istruzioni.

Il vapore deve essere iniettato prima che il pane vada in forno.

■ FRENCH BREAD

Ingredients
1000g bread flour   20g salt
0.6 litre water   Improver
25g yeast

Technical information
Basic temperature   : 132° F
Dough temperature   : 75° - 77° F
Kneading time   : First speed : 5 minutes
                     : Second speed : 15 minutes
Add the salt five minutes before the end of the kneading time.
Resting time : 40 minutes
Weight : Baguette : 350g
       : Individual bread : 50g
Proving time : 2 h 30
Baking : 20 - 30 minutes at 470° F

■ FRANZÖSISCHES BROT

Zutaten
1000g Brotmehl Typ 55   20g Salz
0.6 Liter Wasser   Hilfsmittel
25g Hefe

Technische Information
Grundtemperatur   : 55° C
Teig-Temperatur   : 24 - 25° C
Knetzeit   : Erste Stufe: 5 Minuten
                       Zweite Stufe: 15 Minuten
Das Salz 5 Minuten vor dem Ende der Knetzeit beigeben.
Ruhen lassen: 40 Minuten
Gewicht: Baguette   : 350g
        : kleines Brötchen: 50g
Aufgehen lassen : 2 h 30
Backen : 20 - 30 Minuten bei 240° C

■ PANE FRANCESE

Ingredienti
1000g di farina tipo 0   20g di sale
0.6 litro di acqua   modificante
25g di lievito

Informazioni tecniche
Temperatura base   : 55°C
Temperature dell'impasto   : 24°-25° C
Tempo di impasto   : Velocità 1: 5 minuti
                                Velocità 2: 15 minuti
Aggiungere il sale cinque minuti prima della fine della fase di impasto.
Tempo di riposo: 40 minuti
Peso: baguette:350g
         Panino: 50g
Tempo di Preparazione :2h30 minuti
Tempo di cottura :20-30 minuti a 240°C

French Bread • Französisches Brot • Pane francese

■ FRENCH POOLISH BREAD-AUVERGNAT, TOBACCO POT, FENDU

Ingredients
For the "poolish" : 30g yeast
1 litre water Make a smooth dough by hand
1000g bread flour

Fermentation time : about 3 hours.
The poolish is ready when it begins to form a hollow at which time add:
2400g bread flour 70g salt
1 litre water Improver
20g yeast

Add the salt 5 minutes before the end of the kneading time.

Technical information
Basic temperature : 137° F
Dough temperature : 75° - 77° F
Kneading time : First speed : 10 minutes
 : Second speed : 10 minutes
Resting time : 30 minutes
Weight : 50g/500g
Proving time : 1 hour 30 minutes
Baking time : 15 - 35 minutes at 470° F

Shaping
Auvergnat
40g for the base, 10g for the cover. Place the cover, slightly patted with rye flour on top and join the two parts by pressing with the forefinger in the centre.

Tobacco Pot (Snuff Box)
Roll the dough and flatten one third with the rolling pin. Lightly sprinkle with rye flour then fold with the thin layer on top.

Fendu
Roll and allow to prove, but not excessively. Before baking mark the centre deeply with a small rolling pin dusted in flour.

FRANZÖSISCHE SPEZIALBROTE - AUVERGNAT, TABAKDOSE, FENDU

Zutaten
Für den "Hohl"-Teig
1 Liter Wasser	30g Hefe
1000g Brotmehl	Von Hand zu einem weichen Teig zusammen fügen

Gärzeit: zirka 3 h
Der "Hohl"-Teig ist bereit, wenn er beginnt, einen Hohlraum zu bilden. Darauf folgendes beigeben:
2400g Brotmehl	70g Salz
1 Liter Wasser	Hilfsmittel
20g Hefe	

Das Salz 5 Minuten vor dem Ende der Knetzeit beigeben.

Technische Information
Grundtemperatur : 58°C
Teigtemperatur : 24 - 25°C
Knetzeit : Erste Stufe: 10 Minuten
Zweite Stufe: 10 Minuten
Ruhezeit : 30 Minuten
Gewicht : 50/500g
Aufgehen lassen: 1 h 30
Backzeit : 15 - 35 Minuten bei 240°C

Formen
Auvergnat
40g für den Unterteil, 10g für den Deckel. Den Deckel, der leicht mit Roggenmehl flachgeklopft wurde, aufsetzen und die beiden Teile mit dem Zeigfinger etwas nach innen pressen.

Tabakdose
Den Teig zur Kugel rollen und mit dem Nudelholz ein Drittel dünn auswallen. Leicht mit Roggenmehl bestäuben, formen und den dünnen Deckel aufsetzen.

Fendu
Den Teig zur Kugel rolllen und etwas gehen lassen, aber nicht zu lange. Vor dem Backen mit dem bemehlten Nudelholz seitlich eine tiefe Rille eindrücken.

SPECIALITA' FRANCESI POOLISH: AUVERGNANT, TABATIERE, FENDU

Ingredienti
Per il "poolish":
1 litro di acqua
1000g di farina tipo 0
30g di lievito

French Poolish Bread-Fendu, Tobacco pot, Auvergnat
Specialità francesi: Poolish, Auvergnat, Tabatiere e Fendu

Fare un impasto liscio con le mani

Tempo di lievitazione: circa 3 ore
"Il poolish" è pronto quando inizia a formarsi una cavità, quindi aggiungere:
2400g di farina tipo 0
1 litro di acqua
20g di lievito
70g di sale
migliorante
Aggiungere il sale 5 minuti prima della fine del tempo di riposo.

Informazioni tecniche
Temperatura base: 58°C
Temperatura dell'impasto: 24-25°C
Tempo di impasto: velocità 1: 10 minuti
velocità 2: 10 minuti
Tempo di riposo: 30 minuti
Peso: 50g-500g
Tempo di preparazione: 1h30 minuti
Tempo di cottura: 15-35 minuti a 240°C

Auvergant
40g per la base, 10g per la copertura. Mettere la copertura, leggermente infarinata con la segale sulla parte superiore, unire le due parti pressando con le dita la parte centrale.

Tabatiere
Arrotolare l'impasto e spianarne 1/3 con il mattarello. Spolverare con la farina di segale quindi ripiegare la parte sottile sul lato superiore.

Fendu
Arrotolare e lasciare riposare, ma non eccessivamente. Prima di mettere in forno schiacciare il centro con l'aiuto di un piccolo mattarello infarinato.

Grissini and soft Rolls • Grissini und weiche Brötchen • Grissini e Pan Brioche

■ GRISSINI

Ingredients
600g bread flour   500g water
400g cake flour   50g sugar
15g salt   40g butter
15g yeast   Improver

Technical information
Combine all ingredients and knead until smooth. Allow to rest for one hour. Roll the dough in strips set on a greased tray. Brush with eggwash and if desired sprinkle with seeds or sea salt. Cut as required. Allow to prove one hour and bake eight minutes at 460° F

■ GRISSINI

Zutaten
600g Brotmehl   500g Wasser
400g Kuchenmehl   50g Zucker
15g Salz   40g Butter
15g Hefe   Hilfsmittel

Technische Information
Alle Zutaten zusammen fügen und weich kneten. Eine Stunde ruhen lassen. Den Teig zu dünnen Rollen formen und auf gefettetes Blech setzen. Mit verdünntem Ei bepinseln und auf Wunsch mit Samen oder Meersalz bestreuen. Schneiden wie gewünscht. Eine Stunde gehen lassen und 8 Minuten bei 240° C backen.

■ GRISSINI

Ingredienti
600g di farina tipo 0   500g di acqua
400g di farina per dolci   50g di zucchero
15g di sale   40g di burro
15g di lievito   Migliorante

Informazioni tecniche
Miscelare tutti gli ingredienti ed impastare finchè la massa non diventa liscia. Lasciare riposare per 1 ora. Realizzare con l'impasto delle strisce e disporle su una teglia unta. Spennellare con dell'uovo sbattuto e se lo desiderate, spolverateli con dei semi o del sale marino. Tagliateli a piacimento, lasciateli riposare per 1 ora quindi infornateli a 240°C.

■ SOFT ROLL

Ingredients
1000g bread flour   50g milk powder
4 eggs   40g sugar
100g butter   400g water
20g yeast   Improver
25g salt

Technical information
Basic temperature : 148° F
Brush with egg wash
Dough temperature : 80° F
Bake at 430° F
Kneading time
: first speed   : 5 minutes
: second speed : 10 minutes
Resting time   : 30 minutes
Weigh and shape
Proving time   : 1 hour

■ WEICHE BRÖTCHEN / BRIOCHE

Zutaten
1000g Brotmehl   50g Milchpulver
4 Eier   40g Zucker
100g Butter   400g Wasser
20g Hefe   Hilfsmittel
25g Salz

Technische Information
Grundtemperatur : 65° C
Teigtemperatur : 27° C
Knetzeit:Erste Stufe : 5 Minuten
         Zweite Stufe : 10 Minuten
Ruhen lassen : 30 Minuten
Portionieren und formen
Aufgehen lassen : 1 h

■ PAN BRIOCHE

Ingredienti
1000g di farina
4 uova
100g di burro
20 g di lievito
25g di sale
50g di latte in polvere
40g di zucchero
400g di acqua
Migliorante

Informazioni tecniche
Temperatura base: 65°C
Temperatura dell' impasto : 27°C
Tempo di impasto: Velocità 1 : 5 minuti
                  Velocità 2 : 10 minuti
Tempo di riposo : 30 minuti
Pesare e dargli la forma
Tempo di preparazione 1 ora
Spennellare con uova sbattute
Cottura: 220°C

Rye Bread, Whole Bread, Country Bread and walnut Bread • Roggenbrot, Vollkornbrot, Landbrot und Nussbrot
Pane di segale, pane integrale, pane casareccio e pane alle noci

■ RYE BREAD

Ingredients

700g rye flour
300g gruau flour
(finest wheat flour)
200g fermented dough
600g water
40g yeast
25g salt
200g raisin or
120g walnut
Improver

Technical information

Basic temperature   : 150° F
Dough temperature : 80° F
Kneading : first speed : 5 minutes
           : second speed : 5 minutes
Incorporate the raisin or walnut towards the end of the kneading
Resting time : 30 minutes
Weigh and shape
Proving time : 1 hour
Bake at 465° F and finish at 390° F to avoid excessive colouring

■ ROGGENBROT

Zutaten

700g Roggenmehl
300 g Gruau-Mehl
(feinstes Weizenmehl)
200g fermentierter Teig
600g Wasser
40g Hefe
25g Salz
200g Rosinen
oder Walnuss
Hilfsmittel

Technische Information

Grundtemperatur: 67° C
Teigtemperatur: 26° C
Knetzeit : Erste Stufe: 5 Minuten
           Zweite Stufe: 5 Minuten
Die Rosinen oder Walnüsse gegen Ende der Knetzeit beifügen.
Ruhezeit : 30 Minuten
Portionieren und formen
Aufgehen lassen : 1 h
Backen bei 240° C und danach bei 220° C, um zu starke Bräunung zu vermeiden

■ PANE DI SEGALE

Ingredienti

700g di farina di segale
300g di farina di frumento raffinata
200g impasto lievitato
600g di acqua
40g di lievito
25g di sale
200g di uva passa o 120 g di noci
migliorante

Informazioni tecniche

Temperatura base: 67°C
Temperatura dell'impasto: 26°C
Tempo di impasto: Velocità 1: 5 minuti
                  Velocità 2 : 5 minuti
Incorporate l'uva passa o le noci nella fase finale dell'impasto
Tempo di riposo: 30 minuti
Pesare e dargli la forma
Tempo di preparazione: 1 ora
Cottura in forno a 240°C e completarla a 220°C per evitare una eccessiva colorazione

WHOLE BREAD

Ingredients

1000g whole wheat flour	40g butter
500g fermented dough	25g salt
550g water	25g yeast
	Improver

Technical information

Basic temperature : 144° F
Dough temperature : 77° F
Kneading time
: first speed : 5 minutes
: second speed : 8 minutes
Resting time : 1 hour, after 15 minutes knead again for 30 seconds
Weigh and shape
Proving time : 1 hour 15 minutes. Bake at 450° F

VOLLKORN BROT

Zutaten

1000g Mehl Typ 150	25g Salz
500g fermentierter Teig	20g Hefe
550g Wasser	Hilfsmittel
40g Butter	

Technische Information

Grundtemperatur : 62° C
Teigtemperatur : 25° C
Knetzeit: Erste Stufe : 5 Minuten
          Zweite Stufe : 8 Minuten
Ruhezeit: 1 h, nach 15 Minuten nochmals 30 Sekunden kneten
Portionieren und formen
Aufgehen lassen: 1 Stunde 15 Minuten.
Bei 230° C backen

PANE INTEGRALE

Ingredienti

1000g di farina di grano
500g di impasto lievitato
550g di acqua
40g di burro
25g di sale
25 g di lievito
migliorante

Informazioni tecniche

Temperatura base: 62°C
Temperatura dell'impasto: 25°C
Tempo di impasto : Velocità 1: 5 minuti
                   Velocità 2: 8 minuti
Tempo di riposo: 1 ora, dopo 15 minuti, impastare di nuovo per 30 secondi
Pesare e dargli la forma
Tempo di preparazione: 1 ora e 15 .
Cottura in forno a 230°C

COUNTRY BREAD

Ingredients

1000g bread flour	500g fermented dough
800g water	
25g yeast	Improver
500g rye flour	40g salt

Technical information

Basic temperature
: 140° F
Dough temperature : 77° F
Kneading time : first speed :
5 minutes
: second speed :
12 minutes
Resting time : 1 hour After
20 minutes knead for 30 seconds to ensure a strong
rising dough.
Weigh and shape
Proving time : 1 hour 30 minutes
Coat with flour,
cut and bake at 465° F

LANDBROT

Zutaten

1000g Brotmehl Typ 55	500g fermertierter Teig
800g Wasser	
25g Hefe	Hilfsmittel
500g Roggenmehl	40g Salz

Technische Information

Grundtemperatur: 60° C
Teigtemperatur: 25° C
Knetzeit : Erste Stufe : 5 Minuten
           Zweite Stufe : 12 Minuten
Ruhezeit : 1 h, nach 20 Minuten nochmals 30 Sekunden durchkneten, damit der Teig schön aufgeht.
Portionieren und formen
Aufgehen lassen: 1 h 30 Minuten
Mit Mehl bestäuben, einschneiden un
bei 240° backen.

PANE CASARECCIO

Ingredienti

1000g di farina tipo 0
800g di acqua
25 g di lievito
500g di farina di segale
500g di impasto lievitato
40g di sale
Migliorante

Informazioni tecniche

Temperatura base: 60°C
Temperatura dell'impasto: 25°C
Tempo di impasto: velocità 1: 5 minuti
                  Velocità 2: 12 minuti
Tempo di riposo: 1 ora
Dopo 20 minuti, impastare per 30 secondi assicurandosi che l'impasto con la lievitazione, sia aumentato in modo considerevole.
Pesare e dargli la forma
Tempo di preparazione: 1 ora e 30
Coprire con la farina, tagliare e cuocere a 240°C

WALNUT BREAD

Ingredients

600g bread flour	25g salt
400g whole wheat flour	25g yeast
600g water	300g chopped walnuts
50g butter	

Technical information

Basic temperature : 140° F
Dough temperature : 80° F
Kneading : first speed : 6 minutes
           : second speed : 10 minutes
Resting time : 30 minutes
Weigh and arrange in diamond shape
Proving time : 1 hour 30 minutes
Place a ruler in the middle and sift with flour Bake at 435° F

NUSSBROT

Zutaten

600g Brotmehl Typ 55	25g Salz
400g Vollkornmehl	25g Hefe
600g Wasser	300g gehackte Walnüsse
50g Butter	

Technische Information

Grundtemperatur: 60° C
Teigtemperatur: 25° C
Knetzeit : Erste Stufe : 6 Minuten
           Zweite Stufe : 10 Minuten
Ruhezeit : 30 Minuten
Portionieren und in Rauten formen
Aufgehen lassen : 1 h 30 Minuten
Ein Lineal in die Mitte legen und mit Mehl bestäuben Bei 240° C backen

Bacon Bread and Onion Bread • Speckbrot und Zwiebelbrot
Pane al lardo e pane alla cipolla

■ PANE ALLE NOCI

Ingredienti

600g di farina tipo 0   25 g di sale
400g di farina di grano   25 g di lievito
600g di acqua   300g di noci tritate
50 g di burro

Informazioni tecniche

Temperatura base: 60°C
Temperatura dell'impasto : 25°C
Tempo di impasto: Velocità 1 : 6 minuti
                  Velocità 2 : 10 minuti
Tempo di riposo: 30 minuti
Pesare e dargli una forma a losanga
Tempo di preparazione: 1 ora e 30
Appore una riga al centro del panino e spolverare con la farina
Cottura al forno a 240°C

■ BACON OR ONION BREAD

Ingredients

1000g bread flour   25g salt
500g water   Improver
30g yeast   300g roasted onions or
50g butter   300g bacon cooked in butter

Technical information

Basic temperature   : 132° F
Dough temperature   : 75° F
Kneading time : first speed : 5 minutes
              : second speed : 10 minutes
Incorporate the onions or bacon at the end of the kneading
Resting time : 30 minutes
Weigh and shape
Proving time : 2 hours   Bake at 450° F

■ SPECKBROT ODER ZWIEBELBROT

Zutaten

1000g Brotmehl Typ 55   25g Salz
500g Wasser   Hilfsmittel
30g Hefe   300 g geröstete Zwiebel oder
50g Butter   300g Speck in Butter gebraten

Technische Information

Grundtemperatur: 55° C
Teigtemperatur: 24° C
Knetzeit: Erste Stufe: 5 Minuten
          Zweite Stufe: 10 Minuten
Die Zwiebeln oder den Speck am Ende der Knetzeit zufügen.
Ruhezeit: 30 Minuten Portionieren und formen
Aufgehen lassen: 2 h
Backen bei 230° C

■ PANE AL LARDO O ALLA CIPOLLA

Ingredienti

1000g di farina tipo 0   25g di sale
500g di acqua   Migliorante
30g di lievito   300gdi cipolle arrosto
50g di burro   300g di lardo cucinato nel burro

Informazioni tecniche

Temperatura base:55°C
Temperatura dell'impasto: 24°C
Tempo di impasto: velocità 1 : 5 minuti
                  Velocità 2 : 10 minuti
Aggiungete le cipolle o il lardo alla fine dell'impasto
Tempo di riposo : 30 minuti
Pesare e dargli forma
Tempo di preparazione: 2 ore
Cottura al forno a 230°C

Brie or Italian Bread • Brie o Pane italiano

BRIE OR ITALIAN BREAD

Ingredients
1000g of dough fermented for 6 hours
200g bread flour
40g butter

Technical information
Dough temperature : 75° F
Kneading time : first speed : 8 minutes
Resting time : 5 minutes
Weigh and press the dough well when shaping
Proving time : 1 hour
Bake at 450° F

BRIE- ODER ITALIENISCHES BROT

Zutaten
1000g während 6 Stunden gegärter Teig
200g Brotmehl Typ 55
40g Butter

Technische Information
Teigtemperatur: 24° C
Knetzeit: 8 Minuten auf erster Stufe
Ruhezeit: 5 Minuten
Portionieren und beim Formen gut zusammen pressen
Aufgehen lassen: 1 h
Bei 230° C backen

PANE BRIE O ALL'ITALIANA

Ingredienti
1000g di impasto lievitato per 6 ore
200g di farina tipo 0
40 g di burro

Informazioni tecniche:
Temperatura dell'impasto 24°C
Tempo di impasto : velocità 1 : 8 minuti
Tempo di riposo : 5 minuti
Pesare e pressare l'impasto quando gli avete dato una forma
Tempo di preparazione: 1 ora
Cottura al forno a 230°C

Black Poppy Seed, White Poppy Seed and Sesame Seed Bread

POPPY SEEDS, SESAME OR SEA SALT BREAD

Ingredients

1000g bread flour	60g butter
550g water	50g milk powder
20g yeast	25g salt
Improver	Seeds of choice or sea salt

Technical information
Basic temperature : 130° F
Kneading time : first speed : 5 minutes
　　　　　　　: second speed : 10 minutes
Resting time : 40 minutes
Weigh, shape and turn on the seeds or salt
Proving time : 1 hour 30 minutes
Bake at 450° F

MOHNSAMEN-, SESAM- ODER MEERSALZ - BRÖTCHEN

Zutaten
1000g Brotmehl Typ 55
500g Wasser
20g Hefe
Hilfsmittel
Samen nach Wahl oder Meersalz
60g Butter
50g Milchpulver
25g Salz

Technische Information
Grundtemperatur: 55° C
Teigtemperatur: 24° C
Knetzeit:
Erste Stufe: 5 Minuten
Zweite Stufe: 10 Minuten
Ruhezeit: 40 Minuten
Portionieren, formen und auf Samen oder Salz drehen
Aufgehen lassen: 1 h 30
Bei 230° C backen

PANE AI SEMI DI PAPAVERO, SESAMO O SALE MARINO

Ingredienti
1000g di farina tipo 0
550g di acqua
20g di lievito
60 g di burro
50 g di latte in polvere
25g di sale
Semi a scelta o sale marino
Migliorante

Informazioni tecniche
Temperatura base: 55°C
Temperatura dell'impasto: 24 °C
Tempo di impasto:
velocità 1 : 5 minuti
Velocità 2 : 10 minuti

Tempo di riposo: 40 minuti
Pesare, dargli forma e coprire con i semi o il sale
Tempo di preparazione: 1 ora e 30
Cottura al forno 230°C

Lawosh Bread

LAWOSH BREAD

Ingredients
1000g bread flour
4 eggs
600g water
80g oil
15g salt

Technical information
Mix all the ingredients and knead until smooth. Allow to rest for 30 minutes. Roll out the dough and place on a buttered tray. Draw out and stretch by hand until it is paper thin. Allow to rest for 20 minutes, brush with egg wash and cut as required. Sprinkle with seeds. Bake until golden brown and crispy.

LAWOSH-BROT

Zutaten
1000g Brotmehl Typ 55
4 Eier
600g Wasser
80g Öl
15g Salz

Technische Information
Alle Zutaten mischen und weich kneten. 30 Minuten ruhen lassen. Den Teig auswallen auf ein gebuttertes Blech geben. Von Hand ausziehen, bis der Teig papierdünn ist. 20 Minuten ruhen lassen, mit verdünntem Eigelb bepinseln und nach Wunsch schneiden. Mit Mohn- oder anderen Samen bestreuen. Im heissen Ofen golden und knusprig backen.

PANE LAWOSH

Ingredienti
1000g di farina tipo 0
4 uova
600g di acqua
80g di olio
15g di sale

Informazioni tecniche
Miscelare tutti gli ingredienti, impastare fino al raggiungimento di una massa liscia. Lasciare riposare per 30 minuti. Spianare l'impasto e metterlo su una teglia imburrata. Allungarlo e tirarlo con le mani fino a farlo diventare sottile come un foglio di carta. Lasciare riposare per 20 minuti, spennellarlo con l'uovo sbattuto e tagliarlo come si preferisce. Spolverizzare con I semi e cuocere in forno fino al raggiungimento di una colorazione dorata e un aspetto croccante.

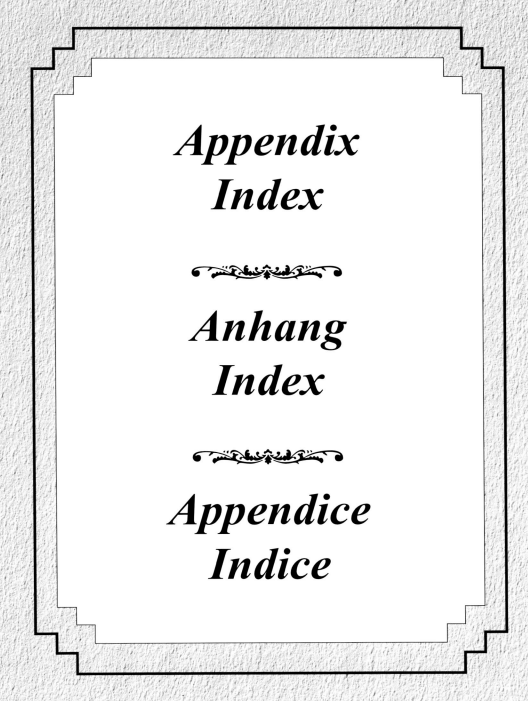

Appendix

Mousses, sherbets and American cookies have been listed together Under their appropriate headings In this appendix.

ALMOND FEUILLANTINES
100g butter
100g sugar
100g brown sugar
Cream the butter with the sugar. Add 100g orange juice. To the
first mixture, add 70g sifted flour. Mix and add 150g almond slices. Bake at 390°F.

ALMOND MERINGUE
1 litre whipped egg white
1500g sugar
Mix: 300g sugar
300g almond powder
150g milk
Bake at 250°F

AMERICAN BISCUIT
36 egg whites
600g sugar
36 egg yolks
400g sugar
700g chopped dark chocolate
350g flour
700g chopped crackers
Whip the egg whites with 600g of sugar and separately whip the yolks with 400g sugar. Mix the chocolate, crackers and flour and very slowly add the egg whites and yolks. Bake At 390°F

AMERICAN COOKIES

Almond Cookies
1800g butter
2000g sugar
10g vanilla
5g almond extract
20 eggs
4000g flour
10g salt
1200g almond powder
1400g mixed fruit peel
Cream the butter, sugar, vanilla and almond extract together, adding the eggs. Add the flour, salt, almond powder and mixed fruit peel to the first mixture. Mold in a frame and cool. Cut in a square and bake at 380°F.

Cream Cheese Brownies
900g butter
450g cream cheese
1900g sugar
15 eggs
5g vanilla
650g flour
300g cocoa powder
10g baking powder
15g salt
450g chopped nuts
Cream the butter, sugar and cheese together then add the eggs and vanilla followed by the salt, flour, cocoa powder and baking powder sifted together. Add the dry fruits and pour in a frame 40 x 60 cm and bake for 30 Minutes at 390°F

Nuts and Raisins Cookies
550g butter
450g brown sugar
450g sugar
6 eggs
5g vanilla
900g flour
15g baking powder
10g salt
360g chopped mixed nuts
240g chopped walnut
300g raisins
Cream the butter, brown sugar, sugar, vanilla and the eggs. Add the flour, salt and baking powder to the first mixture. Set on a greased sheet with a spoon and flatten with the spatula.
Bake at 390°F for 8 to 10 minutes.

Peanut Butter Cookies
540g butter
600g peanut butter
750g sugar
800g brown sugar
8 eggs
200g milk
5g vanilla
1100g flour
10g baking powder
10g salt
5g cinnamon
500g oatmeal
1300g raisins
Follow the same method as for Nuts and Raisins Cookies.

Small Brownies
700g butter
1600g brown sugar
8 eggs
10g vanilla
1000g flour
10g salt
15g baking powder
1100g chopped chocolate
Melt the butter, add the sugar and bring to simmer. Cool while mixing and add the eggs and the vanilla and the flour and baking powder sifted together. Then add the salt and the chocolate chips. Pour in a greased frame 40 x 60 cm and bake 30 minutes at 390°F

Uncle Sam's Cookies
1800g butter
3800g sugar
20 eggs
20g vanilla
3300g flour
800g cocoa
25g baking powder
25g salt
Follow the method for almond cookies. after cooling, fashion into a roll shape and cool again. Cut into 3mm slices and bake at 390°F. Stick in pairs with the same mix as for Walnut Cookies.

Virginia Brownies
350g butter
800g sugar
400g fresh cream
16 eggs
10g vanilla
800g flour
10g baking powder
10g salt
700g chopped nuts
1800g chopped chocolate
Bring the butter and cream to simmer. add the chocolate and mix until cold. Successively add the beaten eggs and

vanilla, the flour and baking powder sifted together followed by the salt and fruits. Pour in a frame 40 x 60 cm and bake 30 minutes at 390°F

Walnut Cookies
1800g butter
2400g sugar
22 eggs
15g vanilla
2600g flour
600g cocoa powder
25g salt
1000g walnut for decoration
500g sugar
Proceed as for almond cookies. Pipe with large round nozzle. Sprinkle with cristallized sugar and indent centre with thumb. Bake 10 - 12 minutes at 390°F. When cool decorate by piping with a mix of 2000g icing sugar. 800g butter, 100g milk and vanilla and finish with half a walnut placed on top.

ASIAN CARAMEL
Cook until brittle (300°F)
1500g sugar
1500g honey
150g glucose
Add 2500g of dried fruits and nuts of your choice. Roll between two rulers on oiled marble and cut rapidly.

AVOCADO TERRINE
1000g avocado purée
Juice of one lemon
200g honey
6 sheets of gelatine
500g unsweetened whipping cream

BANANA CAKE
500g butter
900g sugar
10g salt
10 eggs
1000g flour
30g baking powder
1500g banana
100g oil
500g brazil nut
Cream the butter and sugar and gradually incorporate the eggs then the flour, salt and baking powder sifted together. Finally add the oil, ripe banana an chopped brazil nut. Bake at 375°F

BITTER CHOCOLATE TRUFFLE
1litre fresh wipping cream
300g glucose
160g butter
2000g bitter chocolate
800g chocolate for dipping
250g cocoa powder

BLACKBERRY AND TAPIOCA SOUP
500g tapioca
2.5 litres water
1000g sugar
1000g blackberry pulp
Add the tapioca to the boiling water. Remove from the heat when completely Cooked. Add the sugar and the pulp. Half freeze in the icecream machine.

BLANCMANGE
1 litre milk
250g fresh blanched almond
250g sugar
10 sheets of gelatine
1000g unsweetened whipping cream
Almond extract
Crush the almonds and boil them in the milk. Blend and strain. Add the gelatine, and before setting, the whipped cream and the almond extract. Mold as needed.

BLOW SUGAR
1000g sugar
400g water
400g glucose
Cook at 298°F

BUCKWHEAT PANCAKES
150g buckwheat flour
250g bread flour
6 eggs
50g sugar
1.1 litre milk
5g salt
100g oil

BUGNES LYONNAISES
1000g flour
1/4 litre milk
75g butter
40g sugar
20g salt
5 eggs
25g dark rum
25g orange blossom water
20g baking powder
Make a hard pastry allowing two hours rest. Roll thin and cut into a diamond shape. Make a cut in the centre folding one edge into the cut. Deep fry in oil at 360°F. The dough can be freezed.

CARAMEL BAVARIAN
1000g sugar
300g glucose
1 litre fresh cream
20 egg yolks
16 sheets gelatine
2000g unsweetened whipping cream
Make a light brown caramel with sugar, glucose and water. Decuire with the hot fresh cream and then add the egg yolks and the gelatine (softened in water and squeezed). Before setting add the cream and mold as required.

CARROT CAKE
500g butter
900g honey
2000g grated carrot
300g chopped red date
1800g flour
50g baking powder
10 eggs
1.1 litres milk
0.5 litre orange juice
Melt the butter, add the beaten eggs, honey, milk and orange then add the sifted mixture of flour and baking powder together with the carrots and dates. Bake at 430°F

CASTEL BISCUIT
Mix together :
500g almond powder
500g sugar
100g cake flour
5 egg whites

Incorporate:
26 whipped egg whites with 350 g sugar
Make 3 sheets 40 - 60 cm on silicone paper. Bake at 390.F.
To make the castel cake superpose 3 layers of castel biscuit filled with praline butter cream. Sprinkle the top with icing sugar.

CHESTNUT CREAM
500g chestnut paste
300g custard cream
30g dark rum
300g unsweetened whipping cream

CHIBOUST CREAM
Make a custard cream and add the Softened gelatine.
1 litre milk
1 vanilla bean
20 egg yolks
350g sugar
100g custard powder
8 sheets of gelatine
At the same time prepare an Italian meringue with:
800g sugar
300g water
14 whipped egg whites with 100g sugar
Slowly combine the two hot mixtures then use quickly.

CHOCOLATE AND HAZELNUT BISCUIT
32 egg whites
600g of sugar
800g of hazelnut powder
500g of icing sugar
500g of cocoa powder
100g of cake flour
Bake at 230°C

CHOCOLATE MERINGUE
16 egg whites
600g sugar
400g icing sugar
150g cocoa powder
Whip the egg whites and the sugar to a snow, delicately add the icing sugar Sifted with the cocoa powder. Pipe onto a greased and floured sheet.
Bake at 220°- 250°F for two hours.

CHOCOLATE PARFAIT
Boil:
1 litre milk
400g sugar
Add:
750g sugar
600g egg yolks
Strain and bring to the boil and whip at third speed. Then add:
1300g bitter chocolate
200g cocoa paste
200g unsweetened whipping cream

CHOCOLATE PUFF PASTRY
1000g cake flour
20g salt
100g melted butter
500g enclosing butter mixed with 120g cocoa powder

CINNAMON ICECREAM
1 litre milk
250g sugar
12 egg yolks
200g cream
25g inverted sugar - trimoline
1g binding agent
12g cinnamon powder

CITRUS FRUIT SAUCE
Make a caramel with:
200g honey
300g sugar
Decuire with 100g lemon juice, 200g grapefruit and 100g orange juice.

CLAFOUTIS SAUCE
1/2 litre milk
1/2 litre fresh cream
12 eggs
250g sugar
100g flour
100g melted butter
Whiten the eggs with the cream and add the flour and melted butter, then the milk and cream.

COCOA CREAM GRANITE
1 litre basic syrup
750g cocoa cream
1 litre water
Rectify and titrate 14°B

COCONUT AND CHOCOLATE BISCUIT
50g ground coconut
200g sugar
50g cocoa powder
4 eggs
6 egg yolks
6 egg whites
100g cornstarch
150g melted butter
50g candied ginger
20g baking powder
Mix the cocoa powder with the egg yolks and icing sugar, add the sifted together cornstarch, cocoa and baking powder followed, very slowly, by the whipped egg whites, melted butter and the chopped candied ginger. Mold and bake at 360°F. This very heavy biscuit should be sliced thinly.

COCONUT BAVARIAN
1 litre coconut milk
200g coconut cream powder
10 egg yolks
250g sugar
200g ground coconut
8 sheets gelatine
1000g unsweetened whipping cream

COCONUT PASTRY CREAM
1 litre coconut milk
7 egg yolks
250g sugar
50g flour
50g custard cream
150g coconut cream powder
Follow the same method as for vanilla custard cream, replacing the milk with The coconut milk.

COCONUT SUCCES BISCUIT
Mix:-
250g coconut powder
250g icing sugar
100g flour
Add to this :
white of 10 eggs, whipped to a snow with 100g sugar. Bake at 390°F.

COFFEE PARFAIT
1 litre syrup at 30°B
32 egg yolks
1 litre whipped cream
80g coffee extract

COFFEE THISTLE
Brew 125g coffee powder in 600g of Water. Strain and add 30g of coffee extract. Cook 1250g of sugar at 255°F. After cooking pour 300g of the infusion into the cooked sugar. Pour in a starch tray (see Liquor Bonbon). Dip twice in white chocolate and roll on a grill.

COFFEE TRUFFLE
1 litre fresh cream
150g cocoa paste
500g bitter chocolate
650g coffee chocolate
500g chocolate for dipping
150g cocoa powder

COINTREAU OR ARMAGNAC BAVARIAN
1 litre milk
12 egg yolks
250g sugar
10 sheets gelatine
150g Cointreau or 100g Armagnac
1000g unsweetened whipping cream

COLOMBIER
100g uncooked almond paste
8 egg yolks
8 eggs
250g chopped orange peel
125g cornstarch
8 egg whites whipped with 50g sugar
100g melted butter
Beat together the almond paste, yolk and eggs. Add the starch mixed with the orange peel followed by the snow whipped egg whites, finishing with the melted butter. Bake at 360°F.

CRACKLED MACAROON
Mix : 100g uncooked almond paste and 250g sugar
Store for one day and incorporate in the mixer:
4 egg whites
240g sugar cooked at 250.F
Pipe on non - adhesive paper and bake at 370°F. After cooking put a little water under the paper and stick the macaroons in pairs.

CREAMED CHAMPAGNE SABAYON
200g champagne
12 egg yolks
100g sugar
200g fresh whipping cream

CRISPY PINEAPPLES
Cook thin slices of pineapple for a few minutes in a 18°B syrup. Strain on to a towel and place on a non-adhesive sheet. Dry for 3 hours in oven at 250°F

CUSTARD CREAM FAN
Spread the hot custard cream in a very thin layer on a buttered sheet. Bake in hot oven cutting and pleating at the same time with a triangular spatula. Store in a box with silica gel.

DACQUOIS BISCUIT
500g almond powder
500g icing sugar
150g cake flour
32 egg whites
200g sugar
Bake at 360°F

DEEP FRIED DOUGH
400g flour
10g baking powder
10g salt
60g sugar
3 egg yolks
3 egg whites
30g oil
350g milk
Mix the flour, baking powder, salt and sugar with the milk and egg yolks followed by the whipped egg whites.

DURIAN BISCUIT
1500g cake flour
60g baking powder
30g salt
1170g vegetable oil
780g egg yolks (48 yolks)
750g milk
1000g durian meat
1550g egg white
900g sugar
Mix the cake flour, baking powder salt and sugar then add the oil, egg yolk, milk and durian meat. Combine both mixtures. Whip the egg white with the sugar and slowly add to the final biscuit mix. Mold as desired and bake at 390°F.
Note:
In the absence of fresh durian, durian paste may be used. Substitute the 1 kg of fresh durian with 1.5kg of the paste and use 500g less sugar in the recipe.

EMPRESS RICE
Cook 150g of rice in 1 litre of milk with 100g sugar. Make a vanilla sauce with 1 litre 500g of milk and 350g sugar, 15 egg yolks and 8 sheets of gelatine.
Add to the first mix and cool. Incorporate 1 litre of whipping cream, 400g of chopped candied mixed fruits and 150g of dry banana. Mold and keep cool.

FILLO DOUGH
500g flour
10g salt
50g olive oil
220g water
Sift the flour and successively add the salt, oil and water. Make a hard dough and allow to rest for 30 minutes. Roll to paper thickness.

FLORENTINES
Boil together:
300g butter
600g sugar
250g honey
500g milk
Incorporate :
600g almond slices
600g mixed candied fruits
300g candied orange peel
Away from the gas burner add 150g cake flour. Place in non-adhesive molds and bake at 430°F

FRESH CHEESE MOUSSE
10 egg yolks
200g sugar
10 egg whites
50g sugar
500g unsweetened whipping cream
550g fresh cheese zero% fat
8 sheets gelatine

Poach the egg yolks and the sugar in the bain marie then whip until cold. Mix in the gelatine with a little warm cheese followed by the remainder of the cheese. Add the whipped egg whites and whipped cream.

GIANDUJA MOUSSE
16 egg yolks
1/2 litre syrup 28°B
800g bitter chocolate
800g gianduja
2000g unsweetened whipping cream

GINGER GENOA BISCUIT
Whip until light :
500g almond powder
500g sugar
16 eggs
Incorporate :
100g cake flour
100g starch
Then add the 250g melted butter and the 120g of candied ginger.

GRAPEFRUIT AND GENTIAN SAUCE
1 litre grapefruit juice
200g honey
50g gentian

GREEN PEPPER SAUCE
Proceed as for vanilla sauce and add 30 grains of fresh green pepper (first cooked in water) per litre of milk.

HALVAS
1000g fine semolina
1500g sugar
2 litres water
1/2 litre olive oil

Place the semolina in the very hot oil. Stir and allow the semolina to inflate and take colour. Add the hot syrup and cook until it thickens. Mold hot and keep in cool place.

HAZELNUT CREAM
1 litre half cream milk
10 egg yolks
75g sugar
50g honey
40g hazelnut powder
Proceed as for vanilla sauce.

HOMEMADE YOGHURT
Boil together:
1 litre milk
50g milk powder
Add the rennet at 90°F (follow the manufacturer's instructions) or add 50g of finished yoghurt. Keep in a hot place until the mixture thickens then store in a cold place. When serving, a little fresh cream can be added if desired.

HONEY AND WALNUT ICECREAM
2 litres milk
1 litre fresh cream
30 egg yolks
500g honey
100g sugar
350g walnut
The walnuts are best caramelized and chopped before being incorporated with the icecream.

ICED BONBON
Make very small scoops of icecream. Freeze and dip in the following mixture
On a wood stick:
1000g dark chocolate
200g cocoa butter
300g vegetable margarine

ICED GREEN APPLE SOUFFLE
1 litre green apple purée
400g fresh cheese zero% fat
20g unsweetened whipping cream
300g Italian meringue (140g egg white, 170g sugar)

ICE NOUGAT WITH BEE POLLEN
2 litres of whipping cream
750g of nougatine, chilled and crushed
800g of candy fruits, macerated in 300g of kirsch
200g of roasted and crushed hazel nuts, mixed with 100g of bee pollen
500g of honey Italian meringue. Mix all the ingredients with the shipped cream, except the meringue which is added as a final step.

ICED PHYSALIS MOUSSE
300g strained physalis pulp
100g icing sugar
250g unsweetened whipping cream
3 whipped egg whites
50g sugar

ICED PINEAPPLE SOUFFLE
Make and Italian meringue with:
8 egg whites and 500g sugar
Successively add:
1000g frozen concentrate of pineapple purée
100g white rum
1000g unsweetened whipping cream

ICED REDCURRANT OR GOOSEBERRY SOUFFLE
Make an Italian meringue with:
16 egg whites
1000g sugar
Incorporated with:
1000g fruit purée
1000g whipping cream

JAPANESE WAFFLE
6 eggs
200g sugar
80g honey
60g rice alcohol
10g baking powder
800g cake flour
200g fresh cream
Proceed as for a normal waffle.

JELLY FRUIT BONBON
Boil 1000g of fruit purée incorporating 100g of sugar mixed with 20g of pectin. Add 1000g of sugar and 150g of glucose. Cook at 228°F or 73 - 74 refractometer. Remove from the heat and add 10g of tartaric acid mixed with an equal quantity of water. Pour the jelly immediately into frames on silicone paper or in a cornstarch tray. Allow to cool, cut, and roll into crystallized sugar.

JOCONDE BISCUIT
350g icing sugar
350g blanched almond powder
9 egg yolks
70g flour
Whip the icing sugar, almond powder, eggs and egg yolks for 5 minutes. Then whip 9 egg whites and 70g sugar to a snow and add to the first mixture. Bake at 460°F.

LADIES FINGERS BISCUIT
Whip to a snow:
20 egg whites
500g sugar
Add to it:
20 beaten egg yolks
Finally incorporate:
500g cake flour
Bake at 450°F

LAVENDER ICECREAM
Brew and strain:
1 litre milk
50g fresh lavender (or 35g dry)
1 litre fresh cream
300g sugar
200g honey
20 egg yolks
Proceed as for a normal icecream and add one third of the lavender used previously.

LIME CREAM SOUFFLE
200g lemon juice
300g fresh cream
12 egg yolks
120g sugar
50g flour
5 sheets gelatine
8 whipped egg whites
300g sugar
Proceed as for the custard cream and immediately add the hot Italian meringue and fill the buttered mold.

LIQUOR BONBON
2300g sugar
750g water
1 litre alcohol

degrees alcohol	sugar temperature
60°	235°F
55°	237°F
50°	239°F
48°	240°F
40°	244°F
38°	248°F
35°	250°F

Cook the syrup according to the alcohol degree. Remove from the heat and add the alcohol. Pour from one bowl to another until well mixed. Pour into a dry and hot cornstarch first impressed with the form. Sprinkle some hot cornstarch on the top and remove after 24 hours of crystallization.

MANDARIN ZESTS FILLING
50g of mandarin zests crystallized in 2 dl of mandarin juice and 50g of sugar.

MAPLE AND PINE KERNEL PARFAIT
32 egg yolks
1/2 litre syrup 28°B
1/2 litre maple syrup
2000g unsweetened whipping cream
400g pine seeds
Mix the pine seeds with 30°B syrup and caramelize in the oven.

MARBLE CHEESE CAKE
3500g cream cheese
800g icing sugar
15 eggs
800g chocolate
500g icing sugar
Cream the cheese and the sugar slowly adding the eggs to two separate mixtures. In one add the melted chocolate and the 500g icing sugar. Mold half with the chocolate mix and half with the egg white mix marbled with piping. Bake at 410°F in bain marie.

MARC CHAMPAGNE BAVARIAN
Poach in the bain marie:
1/2 litre syrup 28°B
16 egg yolks whipped until cold
Make and Italian meringue with:
12 egg whites
400g sugar
add 12 sheet of gelatine to the hot meringue. Combine both mixtures adding 400g of champagne marc and 200g of unsweetened whipping cream.

MARQUISE MIXTURE
700g black chocolate
150g cocoa powder
500g butter
16 egg yolks
16 whipped egg whites
350g sugar
Whip the egg yolks with the butter and add the cocoa powder followed by the dark chocolate and the egg white. (whipped as an Italian meringue).

MARSCAPONE MIX
10 egg yolks
200g sugar
400g Marscapone cheese
Juice of two lemons
Vanilla
40g dark rum
6 egg whites
400g unsweetened whipping cream
4 sheets gelatine
Cream the yolks, sugar, vanilla and the cheese, lemon juice, the gelatine and the rum. Incorporate the whipped egg whites and the whipped cream.

MINT GRANITE
1 litre syrup 14°B
200g mint cream
200g water
Rectify and titrate 14°B

MONTELIMAR NOUGAT
Roast 400g hazelnut, 400g almond in oven. Add 200g pistachios. Cook 500g honey and 100g glucose at 257°F. At the same time cook 1000g of sugar and 150g glucose at 320°F. Successively pour on the 8 whipped egg whites, adding the dry fruits with the leaf. Immediately roll on silicone paper and cut before it cools.

MOSAIC BISCUIT
For The Chocolate Mixture:
400g soft butter
400g icing sugar
13 egg whites
230g cake flour
100g cocoa powder
Paste the chocolate mixture on silicone paper with a stencil. After it has set in

freezer cover with joconde or ladies' finger biscuit. Alternatively it may all be frozen again and turned upside down on silicone paper before baking at 230°C

MOUSSELINE CREAM
1 litre milk
12 egg yolks
500g sugar
130g flour
150g butter
Cream 350g of butter and add the cream at room temperature and emulsify the mixture for 5 minutes.

MOUSSES

Banana Mousse
1000g banana pulp
Juice from 1/2 lemon
9 sheets gelatine
100g dark rum
200g sugar
1300g unsweetened whipping cream

Bitter Chocolate Mousse
1000g unsweetened whipping cream
1000g hot bitter chocolate

Chocolate Milk Mousse
1700g milk chocolate
16 egg yolks
3000g unsweetened whipping cream
600g white rum

Durian Mousse
1 litre milk
250g sugar
10 egg yolks
400g durian meat
10 gelatine leaves
1 litre whipped cream
Proceed as a normal bavaroise. Dissolve in the gelatine followed by the durian meat. Strain the mixture and leave to cool slightly before topping with the whipped cream.

Irish Mousse
Make a bavaroise with:
1/2 litre of milk
8 egg yolks
150g sugar
100g butter 16 pcs gelatine leaves
Add to this:
1/2 litre of Irish whiskey
500g of chestnut paste
750g of chestnut cream
Then 2 litres of whipping cream

Lemon Mousse
Poach:
250g concentrate lemon juice
10 eggs
500g sugar
Incorporate:
8 sheets gelatine
When cool add:
2 litres unsweetened whipping cream

Mandarin Mousse
0.75 litre mandarin juice
250g mandarine impériale alcohol
600g sugar
16 sheets gelatine
2000g unsweetened whipping cream

Mangosteen Mousse
1000g mangosteen pulp
200g sugar
8 sheets gelatine
1000g unsweetened whipping cream

Pink Grapefruit Mousse
1000g grapefruit juice
12 egg yolks
300g sugar
10 sheets gelatine
1000g unsweetened whipping cream

Soft Dark Chocolate Mousse
1200g bitter chocolate
200g milk chocolate
16 egg yolks
300g whipping cream
600g cognac

Tea Mousse
1 litre milk
12 egg yolks
250g sugar
16 pcs gelatine leaves
75g black Chinese tea
2 litres whipped cream

Brew the tea with the milk, strain and proceed as with a classic bavaroise.

White Chocolate Mousse
1400g white chocolate
18 egg yolks
10 sheets gelatine
3000g unsweetened whipping cream
500g Grand Marnier

White Peach, Raspberry, Pear, Blackcurrant and Strawberry Mousses
1000g pulp
100g liquor
200g sugar
9 sheets gelatine
1000g unsweetened whipping cream

OILED PUFF PASTRY
Pastry:
1000g flour
10g salt
500g water
80g oil
For enclosing:
500g flour
250g oil
Proceed as for puff pastry. Keep both mixtures in a cold room for 30 minutes. Turn 3 times at 15 minutes intervals.

OPERA CAKE
Brush the first layer of joconde biscuit with a dark chocolate coating. Allow to cool. Turn this layer upside down into a rectangular mold 40 x 60 x 2.5 cm. Soak this first and subsequent layers with 1/2 litre of coffee syrup. Garnish with 600g coffee butter cream. Insert a second layer of soaked biscuit. Garnish with 600g of ganache. Insert the final layer of soaked biscuit. Garnish with 400g of coffee butter cream. Allow to cool. When cool glaze whole with opera cake coating.

OPERA CAKE COATING
400g liquid cream
500g dark chocolate
500g dark chocolate coating
75g of trimoline (inverted sugar)
75g glucose
Proceed as a normal ganache. Allow

to cool. Warm in a bain marie and add 200g of syrup at 30°Baumé. Use at about 95°-105°F.

ORANGE AND STRAWBERRY SAUCES WITH SWEETENER
1 litre of strawberry purée
50g of sugar
20g of sweetener
1 litre of orange juice
100g of sugar
40g of sweetener
4 gelatine leaves

ORANGE CARAMEL OR MANDARIN SAUCE
Make a caramel with 500g sugar, incorporate 300g orange juice and 100g of Grand Marnier. For the mandarin sauce. replace with mandarin juice and mandarin napoléon alcohol

ORANGE CREAM
Bring to the boil:
300g of orange juice
3 blanched orange zests
100g sugar
200g butter
50g lemon juice
Whiten with:
300g eggs
100g sugar
Proceed as for a custard cream and add:
2 pcs gelatine leaves

ORANGE MADELEINES
300g sugar
9 eggs
300g cake flour
5g baking powder
250g butter
Orange flavouring
3 orange zests
One of the eggs may be replaced by some orange juice.

ORANGE OR PERSIMMON GRANITE
1 litre pure orange juice
0.7 litre basic syrup
Rectify with basic syrup or water and titrate 14°B.

OVEN BAKED CUSTARD
1 litre fresh cream
250g sugar
16 egg yolks
Poach in a medium oven (300°F)

PANFORTE CASERECCIO
150g walnut
150g almond
250g mixed fruit peel
5g cinamon and nutmeg spice
175g flour
150g honey
225g icing sugar
Roast the almonds and walnuts in the oven. Allow to cool, chop and mix with the flour and spice. Make a caramel (250°F) with the sugar, honey and a little water. Mix all ingredients and mold in a small ring lined with greasproof paper. Bake at 300°F for 30 minutes.

PISTACHIO BAVARIAN
1 litre milk
12 egg yolks
200g sugar
10 sheets of gelatine
200g pistachio paste
1 litre unsweetened whipping cream

PISTACHIO OR PRALINE ICECREAM
1 litre milk
1 litre fresh cream
500g sugar
20 egg yolks
100g pistachio paste
or 400g praline paste

PRUNE ICECREAM
1/2 litre milk
1/2 litre fresh cream
250g sugar
10 egg yolks
140g Armagnac alcohol
400g poached and chopped pitted prunes

PRUNE TERRINE
0.75 litre port wine
10 sheets gelatine
100g sugar
1600g pitted and poached prunes
150g pine seeds
Simmer the port wine, sugar and prunes for about five minutes. Add the gelatine and the pine seeds and pour in a mold. It is adviseable to prepare the terrine one day in advance because of the slow setting.

PULLED SUGAR
1000g sugar
400g water
400g glucose
16 drops citric acid (1/2 volume citric acid, 1/2 volume hot water)
Cook at 315°F

PUMPKIN MIX
1000g pumpkin purée
50g butter
30g cornstarch
400g fresh cream
3 eggs
10g salt
Cook the pumpkin in hot water, sift and add the melted butter to the starch. Add the pumpkin purée and the salt. Cook 15 minutes at medium heat, add the cream and the beaten eggs.

RAVIOLI PASTE
300g cake flour
200g fine semolina
5g salt
50g honey
60g butter
5 egg yolks
water

RED BEAN PASTE
500g red beans
550g sugar
5g salt
Bring the beans to the boil three times, changing the water on each occasion. The fourth time, cover the beans with water up to 5 cm, cook well. Strain and strongly squeeze them, blend until they form a smooth paste. Cook the paste on a

medium heat and add the sugar and the salt. The result should be a firm, smooth paste.

ROSE PARFAIT
Brew 50g rose petals in 0.8 litre of 30°B syrup and strain. Poach 32 eggs and the infusion of the syrup (whipped until completely cool) in the bain marie. Add 1 litre of unsweetened whipping cream, 150g rose liquor from Greece or 24 ml of rose essence (india). In order to obtain a stronger flavour, rose oil essence can be used very sparingly. flavour,

SACHER BISCUIT
700g butter
750g sugar
500g melted chocolate
100g cocoa powder
32 egg yolks
1200g cake flour
32 egg whites
Baking powder may be added to create a lighter mix.

SAGO FILLING
1 litre half cream milk
100g sago
7 eggs
200g honey
200g fresh cheese zero % fat
100g unsweetened whipping cream
900g finely chopped mixed fruit
80g chopped dried figs
4 sheets of gelatine
430g sweetened strawberry sauce
650g of sweetened orange sauce in which you add:
6 sheets of gelatine
Cook the sago in the milk and honey. Add the gelatine followed by the eggs and the beaten fresh cheese. Finally, add the fruit. Cook in bain marie in non-adhesive mold.

SAUTERNES JELLY
0.75 litre sauternes wine
0.75 litre syrup 28°B
16 sheets gelatine

SAVARIN
1000g cake flour
25g salt
70g sugar
30g fresh yeast
10 eggs
200g water
300g melted butter

SHERBETS
Basic Syrup
1 litre water
700g sugar
250g glucose
Binding agent

Bergamotte Sherbet
1 litre water
500g sugar
8 bergamotte leaves
Titrate and readjust at 17°B

Fresh Tamarind Sherbet
Boil:
900g water
Incorporate:
1000g fresh sour tamarind and simmer until the tamarind is poached. Place in blender and strain. Add 1.3 litre of basic syrup. Readjust and titrate at 17°B. The colour of the sherbet will be light brown or pale green depending on the ripeness of the fruit.

Green Tea Sherbet
1 litre milk
12 egg yolks
100g sugar
2.5 litres water
1000g sugar
50g green tea
Make separately one vanilla sauce and one sherbet mixed with the infusion of the green tea (minimum 5 minutes). Make one final mixture of all ingredients and freeze in the icecream machine.

Kriek Beer Sherbet (Cherry)
1 litre beer
1 litre basic syrup
Rectify and titrate 14°B

Lime Sherbet
1 litre lime juice
4 litres basic syrup
Rectify and titrate 17°B

Mandarin Mangosteen or Green Apple Sherbet
1 litre pulp
0.7 litre basic syrup
Rectify and titrate 17°B

Pineapple, Lychee, Custard Apple Wild Strawberry and Apricot Sherbets
1 litre pulp
1 litre basic syrup
Rectify and titrate 17°B

Pink Grapefruit, Passion Fruit or Zalacca Sherbet
1 litre pulp
2 litres basic syrup
Rectify and titrate 17.B

Rhubarb, Raspberry, Kiwi, Kalamansi or Blackberry Sherbet
1 litre pulp
1.5 litre basic syrup
Rectify and titrate 17°B

Sour Tamarind Sherbet
100g of sour tamarind paste
1 litre syrup at 18°B
Brew the tamarind for five minutes before straining.

SMOOTH MACAROON
1000g uncooked almond paste
450g icing sugar
6 egg whites
6 whipped egg whites
150g icing sugar
Warm the almond paste in the bain marie and add the egg white and then the icing sugar. Heat to about 115°F. Add the whipped egg white and pipe on a greased and floured sheet. Allow to form a crust for 4 hours in oven at 185°F. Bake at 430°F.

SOFT CARAMELS
Bring 1000g of sugar, 500g glucose and 100g inverted sugar to the caramel. Decuire with 1 litre of condensed milk

and then add the flavouring (one vanilla bean, 150g coffee extract, 240g praline or 500g bitter chocolate). Cook at 246°F (237°F for the chocolate), pour in a frame on buttered marble. Allow to cool and cut as required

SOUP WITH CITRUS AND BLACKCURRANT WINE
1 litre Burgundy wine
50g blackcurrants
or 100g of creme de cassis
2 sliced oranges
1/2 lime
2 cloves
150g sugar
100g orange juice

SPICY BAVARIAN OR CINNAMON BAVARIAN
1 litre milk
150g honey
150g sugar
15g cinnamon
15 egg yolks
10 sheets gelatine
1000g unsweetened whipping cream
For the spicy bavarian add 250g of gingerbread finely crushed.

SUCCES BISCUIT
Mix:
250g almond powder
250g icing sugar
100g flour
Then add:
10 egg whites whipped to a snow with 100g sugar
Bake at 390°F

SULTANE CREAM
1/3 pastry cream
2/3 whipped cream
Mix the two creams slowly

SURPRISE TULIPAN
250g butter
500g icing sugar
14 egg whites
250g flour
Cream the butter and the sugar, add the flour and progressively, the egg whites.

SWISS CHEESE CAKE
Mix:
110g softened butter
5 egg yolks
Bring to 120°F in bain-marie:
375g milk
300g cream cheese such ad Philadelphia
Add to this mixture:
50g flour
25g Maizena
10g orange zests
Then add:
The egg yolk and butter mixture
Finally add 9 whipped whites of egg combined with 200g sugar Bake in a bain-marie at 390°F without steam.
To use this preparation as a hot cheese soufflé bake in a very hot oven at 460°F.

TEA TRUFFLE
100g black China tea
260g water
1500g fresh cream
400g glucose
250g butter
2800g dark chocolate
1000g dark chocolate for dipping
350g cocoa powder

TULIPAN DOUGH
750g icing sugar
750g butter
24 egg whites
550g cake flour

WAFER PASTRY
1000g flour
500g butter
150g almond powder
400g icing sugar
6 eggs
Proceed as for the sugar dough. Roll a thin layer on a greased sheet and make by piping a grid with icing royale. Cut and bake at medium heat.

WALNUT CAKE
500g butter
750g sugar
13 eggs
10g salt
750g walnut
15g baking powder
200g flour
65g dark rum
Cream the butter, sugar and salt, gradually adding the eggs. Sift the flour and the baking powder together and add to the first mixture of the chopped walnut and rum. Make a 2/3 mold and bake 30 minutes at 390°F.

WALNUT FINANCIER
100g almond powder
50g walnut powder
300g icing sugar
80g flour
9 egg whites
250g melted butter

Anhang

Moussen, Sorbets und Amerikanische Cookies sind in diesem Anhang unter dem jeweiligen Titel zusammengefasst.

AHORN UND PINIENKERNEN-PARFAIT
32 Eigelbe
1/2 l Sirup 1260 Dicke
1/2 l Ahornsirup
2000 g ungesüsste Sahne
400 Pinienkerne
Die Pinienkerne mit dem 1260 dicken Sirup mischen und im Ofen karamellisieren.

AMERIKANISCHES BISKUIT
36 Eiweisse
600g Zucker
36 Eigelbe
400g Zucker
700g gehackte dunkle Schokolade
350g Mehl
700g gehackte Crackers
Die Eiweisse mit 600g Zucker steif schlagen. Die Eigelbe separat mit 400g Zucker schaumig schlagen. Schokolade, Mehl und Crackers mischen und sehr langsam die Eiweisse und Eigelbe darunter ziehen. Bei 200° C backen.

AMERIKANISCHE COOKIES
Erdnussbutter-Cookies
540g Butter
600g Erdnussbutter
750g Zucker
800g Rohzucker
8 Eier
200g Milch
5g Vanille
1100g Mehl
10g Backpulver
10g Salz
5g Zimt
500 Haferflocken
1300g Rosinen
Wie Nuss-Rosinen-Cookies zubereiten

Kleine Brownies
700g Butter
1600g Rohzucker
8 Eier
10g Vanille
1000g Mehl
10g Salz
15g Backpulver
1100 gehackte Schokolade
Butter schmelzen, Zucker beifügen und köcheln. Abkühlen lassen. Eier verklopfen und beigeben, dann Vanille und das mit dem Backpulver gesiebte Mehl. Nachher das Salz und die Schokolade darunter rühren. In gefettetes Blech von 40x60cm füllen und 30 Minuten bei 200° backen.

Mandel-Cookies
1800g Butter
2000g Zucker
10g Vanille
5g Mandelextrakt
20 Eier
4000g Mehl
10g Salz
1200g feingeriebene Mandeln
1400g gemischte kandierte Früchte
Butter, Zucker, Vanille und Mandelextrakt schaumig rühren und die Eier beigeben. Mehl, Salz, geriebene Mandeln und kandierte Früchte mischen und unter die erste Mischung rühren. In ein Blech geben und kühl stellen. In Vierecke schneiden und bei 190° C backen.

Nuss-Rosinen-Cookies
550g Butter
450g Rohzucker
450g Zucker
6 Eier
5g Vanille
900g Mehl
15g Backpulver
10g Salz
360g gemischte gehackte Nüsse
240g gehackte Walnüsse
300g Rosinen
Butter, Rohzucker, Zucker, Vanille und Eier schaumig rühren. Mehl-, Salz- Backpulver-Mischung zur ersten Mischung geben. Mit dem Löffel auf eine gefettete Folie setzen und mit dem Spachtel flach drücken. Bei 200°C 8 - 10 Minuten backen.

Rahmkäse-Brownies
900g Butter
450g Rahmkäse
1900g Zucker
15 Eier
5g Vanille
650g Mehl
300g Kakaopulver
10g Backpulver
15g Salz
450g gehackte Nüsse
Butter, Zucker und Käse schaumig rühren, dann Eier und Vanille beigeben, das mit Mehl, Backpulver zusammen gesiebte Kakaopulver mit Salz und zuletzt die gehackten Nüsse darunter rühren. In ein 40x60cm grosses Blech geben und 30 Minuten bei 200° backen.

Uncle Sam's Cookies
1800g Butter
3800g Zucker
20 Eier
20g Vanille
3300g Mehl
800g Kakao
25g Backpulver
25g Salz
Wie Mandel-Cookies zubereiten. Nach dem Kühlen zu einer Rolle formen und nochmals kühlen. In 3mm dünne Scheiben schneiden und bei 200° C backen. Je zwei Scheiben zusammenkleben mit derselben Mischung wie für Walnuss-Cookies.

Virginia-Brownies
350g Butter
800g Zucker
400g frische Sahne
16 Eier
10g Vanille
800g Mehl
10g Backpulver
10g Salz
700g gehackte Nüsse
1800g gehackte Schokolade

Butter und Rahm zum Köcheln bringen, die Schokolade beigeben und rühren bis kalt. Nach und nach die geschlagenen Eier mit der Vanille, das mit dem Mehl gesiebte Backpulver und dann das Salz und die gehackten Nüsse unter mischen. In ein 40x60cm grosses Blech geben und 30 Minuten bei 200° C backen.

Walnuss-Cookies
1800g Butter
2400g Zucker
22 Eier
15g Vanille
2600g Mehl
600g Kakaopulver
25g Salz
1000g Walnuss-Kerne für die Dekoration
500g Zucker
Wie Mandel-Cookies zubereiten. Mit einer grossen runden Tülle spritzen. Mit Kristallzucker bestreuen und die Mitte mit dem Daumen eindrücken. 10 - 12 Minuten bei 200° C backen. Nach dem Auskühlen eine Mischung aus 2000g Puderzucker, 800g Butter, 100g Milch und Vanille mit dem Spritzsack darauf spritzen und einen halben Walnusskern hinein drücken.

ASIATISCHES KARAMEL

Folgendes zusammen zum Faden kochen
1500g Zucker
1500g Honig
150g Glukose
2500g getrocknete Früchte und Nüsse nach Wahl dazu geben. Zwischen zwei Massstäben auf geöltem Marmor auswallen und sofort schneiden.

Avocado-Terrine
1000g Avocado-Püree
Saft einer Zitrone
200g Honig
6 Blätter Gelatine
500g ungesüsste Schlagsahne

Bananenkuchen
500g Butter
900g Zucker
10g Salz
10 Eier
1000g Mehl
30g Backpulver
1500g Banane
100g Öl
500g Paranüsse
Butter und Zucker schaumig rühren und die Eier nach und nach beigeben, nachher das zusammen gesiebte Mehl, Backpulver und Salz. Am Schluss das Öl hinzu fügen, die reifen Bananen und die gehackten Paranüsse. Bei 180° C backen.

Bitterschokoladen-Trüffel
1 l frische Schlagsahne
300g Glukose
160g Butter
2000g Bitterschokolade
800g Schokolade für die Glasur
250g Kakaopulver

Blancmanger
1 l Milch
250g frisch blanchierte Mandeln
250g Zucker
10 Blätter Gelatine
1000g ungesüsste Schlagsahne
Mandelextrakt
Die Mandeln zerdrücken und in Milch kochen. Mixen und absieben. Die Gelatine beigeben und bevor sie fest geworden ist, die Schlagsahne und den Mandelextrakt darunter rühren. In eine Form nach Wunsch füllen.

Brombeer- und Tapioka-Suppe
500g Tapioka
2,5 l Wasser
1000g Zucker
1000g zerdrückte Brombeeren
Das Tapioka ins kochende Wasser geben. Vom Herd nehmen, wenn vollständig gekocht. Den Zucker und die Brombeeren dazu geben. In der Eismaschine halb gefrieren.

Buchweizen-Pfannkuchen
150g Buchweizenmehl
250g Brotmehl
6 Eier
50g Zucker
1, 1 Liter Milch
5g Salz
100g Öl

Bugnes Lyonnaises
1000g Mehl
1/4 l Milch
75g Butter
40g Zucker
20g Salz
5 Eier
25g dunkler Rum
25g Orangenblütenwasser
20g Backpulver
Einen festen Teig herstellen und zwei Stunden ruhen lassen. Dünn auswallen und in Rautenform schneiden. In der Mitte einschneiden und eine Ecke in die Öffnung stecken. Bei 180° C in Öl frittieren. Der Teig kann tiefgekühlt werden.

CASTEL-BISKUIT
Folgendes mischen:
500g feingeriebene Mandeln
500g Zucker
100g Kuchenmehl
5 Eiweisse
26 mit 350g Zucker steif geschlagene Eiweisse darunter ziehen.
Drei Blätter von 40 - 60 cm auf Silikonpapier auswallen.
Bei 200° C backen.
Für den Castel-Kuchen 3 Lagen Biskuit, gefüllt mit Pralinen-Buttercreme, aufeinander schichten.
Mit Puderzucker bestäuben.

CHAMPAGNERCREME-SABAYON
200g Champagner
12 Eigelbe
100g Zucker
200g frische Schlagsahne

CHIBOUST-CREME
Eine Patisserie-Creme herstellen und die aufgelöste Gelatine beigeben
1 l Milch
1 Vanilleschote
20 Eigelbe
350g Zucker
100g Cremepulver
8 Blätter Gelatine
Gleichzeitig eine italienische Meringuemasse
herstellen mit:
800g Zucker
300g Wasser
14 Eiweisse mit 100g Zucker steif schlagen
Langsam die beiden heissen Mischungen zusammenfügen.

CLAFOUTIS-SAUCE
1/2 l Milch
1/2 l frische Sahne
12 Eier
250g Zucker
100g Mehl
100g geschmolzene Butter
Eier und Zucker hell rühren, das Mehl und die Butter dazu geben, danach Milch und Sahne.

COINTREAU- ODER ARMAGNAC-BAVAROIS
1 l Milch
12 Eigelbe
250g Zucker
10 Blätter Gelatine
150g Cointreau oder 100g Armagnac
1000g ungesüsste Schlagsahne

COLOMBIER
100g ungekochte Mandelpaste
8 Eigelbe
8 Eier
250g kleingeschnittene Orangenschale
125g Maisstärke
8 Eiweisse mit 50g Zucker steif geschlagen
100g geschmolzene Butter
Mandelpaste, Eigelbe und Eier rühren. Die Stärke mit Orangenschale vermischt zugeben und danach den Eischnee, dann die geschmolzene Butter. Bei 180° C backen.

DACQUOIS-BISKUIT
500g feingeriebene Mandeln
500g Puderzucker
150g Kuchenmehl
32 Eiweisse
200g Zucker
Bei 180° C backen

DÖRRPFLAUMEN-EIS
1/2 l Milch
1/2 l frische Sahne
250g Zucker
10 Eigelbe
140g Armagnac-Alkohol
400g pochierte und entsteinte Dörrpflaumen

DÖRRPFLAUMEN-TERRINE
0,75 l Portwein
10 Blätter Gelatine
100g Zucker
1600g entsteinte und pochierte Dörrpflaumen
150g Pinienkerne
Portwein, Zucker und Dörrpflaumen zirka 5 Minuten köcheln. Die Gelatine und die Pinienkerne beigeben und in eine Form füllen. Es empfiehlt sich, die Terrine einen Tag im voraus zuzubereiten, weil es viel Zeit braucht, bis sie fest ist.

DURIAN-BISKUIT
1500g Kuchenmehl
60g Backpulver
30g Salz
1170g Pflanzenöl
780g Eigelbe (48 Eidotter)
750g Milch
1000g Durian-Fruchtfleisch
1550g Eiweiss
900g Zucker
Mehl, Backpulver, Salz und Zucker mischen. Dann Öl, Eigelbe und Durian-Fruchtfleisch zusammen rühren und alles zusammen verrühren. Die Eiweisse mit Zucker zu Schnee schlagen und langsam unter die Biskuit-Mischung ziehen. In die gewünschten Formen füllen und bei 200° C backen.
Hinweis: Wenn keine frischen Durian vorhanden sind, 1kg frisches Durian-Fruchtfleisch durch 1,5kg Püree ersetzen und 500g weniger Zucker verwenden.

FILLO-TEIG
500g Mehl
10g Salz
50g Olivenöl
220g Wasser
Das Mehl sieben und nach und nach Salz, Öl und Wasser zugeben. Zu einem festen Teig kneten und 30 Minuten ruhen lassen. Papierdünn auswallen.

FLORENTINER
Zusammen aufkochen:
300g Butter
600g Zucker
250g Honig
500g Milch
Beigeben:
600g Mandelscheibchen
600g gemischte kandierte Früchte
300g kandierte Orangenschale
Vom Herd nehmen und 150g Kuchenmehl beigeben
Auf beschichteten Blech bei 220° C backen.

FRISCHKÄSE-MOUSSE
10 Eigelbe
200g Zucker
10 Eiweisse
50g Zucker
500g ungesüsste Schlagsahne
550g Frischkäse 0% Fettgehalt
8 Blätter Gelatine
Eigelbe und Zucker im Wasserbad erwärmen und schlagen, bis sie abgekühlt sind.
Die Gelatine in etwas warmem Käse auflösen und den restlichen Käse beigeben.
Eischnee und Schlagsahne darunter ziehen.

FRITTIERTEIG
400g Mehl
10g Backpulver
10g Salz
60g Zucker
3 Eigelbe
3 Eiweisse

30g Öl
350g Milch
Mehl, Backpulver, Salz und Zucker mit Milch und Eigelben mischen. Eiweisse darunter ziehen.

GEBLASENER ZUCKER
1000g Zucker
400g Wasser
400g Glukose
bei 148° C kochen

GEEISTES ANANAS-SOUFFLÉ
Eine italienische Meringue-Mischung herstellen mit:
8 Eiweissen und 500g Zucker
Nach und nach zugeben:
1000g gefrorenes Ananaspüree-Konzentrat
100g weisser Rum
1000g ungesüsste Schlagsahne

GEEISTE BONBONS
Sehr kleine Kugeln aus Eis formen und gefrieren.
Danach an einem Holzspiesschen in folgender Mischung drehen:
1000g dunkle Schokolade
200g Kakaobutter
300g Pflanzenmargarine

GEEISTES GRÜNAPFEL-SOUFFLÉ
1 l Püree aus grünen Äpfeln
400g Frischkäse 0% Fettgehalt
20g ungesüsste Schlagsahne
300g italienische Meringue-Mischung
(140g Eiweiss, 170g Zucker)

GEEISTER NOUGAT MIT BIENENPOLLEN
2 l Schlagsahne
750g Nougatine, gekühlt und zerstossen
800g kandierte Früchte in
300g Kirsch mariniert
200g geröstete und zerstossene Haselnüsse, gemischt mit 100g Bienenpollen 500g italienische Honig-Meringue-Mischung. Alle Zutaten mit der Schlagsahne mischen, mit Ausnahme der Meringue-Mischung, die erst zuletzt beigefügt wird.

GEEISTE PHYSALIS-MOUSSE
300g durch ein Sieb gedrücktes Physalis-Fruchtfleisch
100g Puderzucker
250g ungesüsste Schlagsahne
3 steifgeschlagene Eiweisse
50g Zucker

GEEISTE ROTE JOHANNISBEEREN- ODER STACHELBEER-MOUSSE
Eine italienische Meringue-Mischung herstellen mit:
16 Eiweisse
1000g Zucker
vermischen mit:
1000g Fruchtpüree
1000g Schlagsahne

GELEEFRUCHT-BONBONS
1000g Fruchtpüree mischen mit
100g Zucker mit 20g Pektin
1000g Zucker mit 150g Glukose beigeben
Bei 108° - 109° kochen oder 73 - 74 im Refraktometer. Vom Herd nehmen und 10g Weinsteinsäure mit gleichviel Wasser vermischt zugeben. Das Gelee sofort in mit Plastik ausgekleidete Bleche giessen. Kühlen, schneiden und in Kristallzucker wenden.

GEÖLTER BLÄTTERTEIG
TEIG:
1000g Mehl
10g Salz
500g Wasser
80g Öl
Für die äussere Hülle:
500g Mehl
250g Öl
Gleiches Vorgehen wie bei Blätterteig. Beide Mischungen 30 Minuten kühl stellen.
Dreimal ausrollen im Abstand von 15 Minuten.

GEWÜRZ-BAVAROIS ODER ZIMT-BAVAROIS
1 l Milch
150g Honig
150g Zucker
15g Zimt
15 Eigelbe
10 Blätter Gelatine
1000g ungesüsste Schlagsahne
Für den Gewürz-Bavarois zusätzlich 250g fein zerstossene Ingwerplätzchen beigeben.

GEZOGENER ZUCKER
1000g Zucker
400g Wasser
400g Glukose
16g Zitronensäure (1/2 Zitronensäure, 1/2 heisses Wasser)
Bei 156 - 157° C kochen

GIANDUJA-MOUSSE
16 Eigelbe
1/2 l Sirup 1260
800g Bitterschokolade
800g Gianduja
2000g Schlagsahne

GRAPEFRUIT-SAUCE MIT ENZIAN
1 l Grapefruitsaft
200g Honig
50g Enzian

GRÜNE PFEFFER-SAUCE
Vorgehen wie bei Vanille-Sauce und 30g frische, in Wasser gekochte grüne Pfefferkörner pro Liter Milch beigeben.

HALVAS
1000g feiner Griess
1500g Zucker
2 l Wasser
1/2 Liter Olivenöl
Den Griess ins sehr heisse Öl geben. Rühren und den Griess aufquellen und Farbe annehmen lassen. Den heissen Sirup beigeben und eindicken lassen. Heiss in Formen füllen und kühl aufbewahren

HASELNUSS-CREME
1 l Halbfett-Milch
10 Eigelbe
75g Zucker
50g Honig
40g feingeriebene Haselnüsse
Vorgehen wie bei Vanille-Sauce

HAUSGEMACHTER JOGHURT
Zusammen aufkochen:
1 l Milch
50g Milchpulver
Das Lab gemäss Empfehlung des Herstellers bei 30° C beifügen oder 50g Fertigjoghurt beigeben. Warm halten, bis die Mischung dick wird, dann kühl stellen. Beim Servieren kann nach Wunsch etwas frische Sahne beigegeben werden.

HIPPENTEIG
750g Puderzucker
750g Butter
24 Eiweisse
550g Kuchenmehl

HONIG- WALNUSS-EIS
2 l Milch
1 l frische Sahne
30 Eigelbe
500g Honig
100g Zucker
350g Walnuss
Die Walnüsse schmecken am besten, wenn man sie karamellisiert und zerstösst, bevor man sie dem Eis beigibt.

INGWER-BUTTERBISKUIT
Schaumig rühren:
500g feingeriebene Mandeln
500g Zucker
16 Eier
Einrühren:
100g Kuchenmehl
100g Stärkemehl
Zuletzt die 250g geschmolzene Butter und 120g kandierten Ingwer beigeben.

JAPANISCHE WAFFEL
6 Eier
200g Zucker
80g Honig
60 g Reiswein
10g Backpulver
800g Kuchenmehl
200g frische Sahne
Zubereiten wie gewöhnliche Waffel

JOCONDE-BISKUIT
350g Puderzucker
350g feingeriebene geschälte Mandeln
9 Eier
70g Mehl
Puderzucker; Mandeln, Eier und Eigelbe 5 Minuten schlagen Dann 9 Eiweisse mit 70g Zucker zu Schnee schlagen und unter die erste Mischung ziehen. Bei 240° backen.

KAKAOCREME-GRANITÉ
1 l Grundsirup
750g Crème de Cacao
1 l Wasser
Auf 1107 Dicke einkochen

KAFFEE-DISTEL
120g Kaffeepulver in 600g Wasser aufbrühen. Absieben
und 30g Kaffee-Extrakt beigeben. 1250g Zucker bei 125° C
kochen. 300g des Kaffees in den Zucker giessen. In eine
Form aus Maisstärke (siehe Likör-Bonbon) giessen.
Zweimal in weisser Schokolade wenden und auf einem
Gitter ausrollen.

KAFFEE-PARFAIT
1l Sirup 1260 dick
32 Eigelbe
1l Schlagsahne
80g Kaffee-Extrakt

KAFFEE-TRÜFFEL
1 l frische Sahne
150g Kakaopaste
500g Bitterschokolade
650g geschmolzene Schokolade
150g Kakaopulver

KARAMEL-BAVAROIS
1000g Zucker
300g Glukose
1 l frische Sahne
20 Eigelbe
16 Blätter Gelatine
2000g ungesüsste Schlagsahne
Mit Zucker, Glukose und Wasser ein hellbraunes Karamel herstellen. Mit der heissen frischen Sahne einkochen und dann die Eigelbe und die in Wasser eingeweichte und ausgedrückte Gelatine hinein geben. Bevor die Mischung fest wird, die Schlagsahne beigeben und je nach Wunsch in Formen füllen.

KAROTTENKUCHEN
500g Butter
900g Honig
2000g geraffelte Karotten
300g geschnittene rote Datteln
1800g Mehl
50g Backpulver
10 Eier
1.1 l Milch
0.5 l Orangensaft
Die Butter schmelzen, die verquirlten Eier, Honig, Milch und Orangensaft beigeben, dann das mit Backpulver gesiebte Mehl mit den Karotten und Datteln hinzufügen.

KASTANIENCREME
500g Kastanienpaste
300g Patisseriecreme
30g dunkler Rum
300g ungesüsste Schlagsahne

KNUSPER-ANANAS
Dünne Ananasscheiben in 1142 dickem Sirup ein paar Minuten kochen. Absieben und auf ein Tuch und dann auf Plastikfolie legen. Im Ofen bei 130° C während 3 Stunden trocknen.

KNUSPER-MAKRONEN
Mischen: 1000g ungekochte Mandelpaste und 250g Zucker
Einen Tag ruhen lassen und dann im Mixer mit 4 Eiweissen und
240g bei 120° C gekochtem Zucker untereinander rühren.
Auf Backpapier spritzen und bei 190° C backen. Nach dem Backen etwas Wasser unter das Backpapier geben. Je zwei

Makronen zusammen kleben.

KOKOSNUSS-BAVAROIS
1 l Kokosmilch
200g Kokospulver
10 Eigelbe
250g Zucker
200g Kokosraspel
8 Blätter Gelatine
1000g ungesüsste Schlagsahne

KOKOSNUSS-SCHOKOLADE-BISKUIT
50g Kokosraspel
200g Puderzucker
50g Kakaopulver
4 Eier
6 Eigelbe
6 Eiweisse
100g Maisstärke
150g geschmolzene Butter
50g kandierter Ingwer
20g Backpulver
Das Kakaopulver mit den Eigelben und Puderzucker verrühren,
die mit dem Backpulver gesiebte Maisstärke dazugeben und nachher sehr langsam den Eischnee darunter ziehen wie auch die geschmolzene Butter und den gehackten kandierten Ingwer. In Formen füllen und bei 180° C backen.
Dieses sehr schwere Biskuit sollte dünn geschnitten werden.

KOKOSNUSS-BLÄTTERTEIG
1l Kokosmilch
7 Eigelbe
250g Zucker
50g Mehl
50g Patisseriecreme
150g Kokospulver
Gleich vorgehen wie für Vanille-Creme und einfach die Milch durch Kokosmilch ersetzen.

KOKOSNUSS-SUCCESS-BISKUIT
Mischen:
250g Kokospulver
250g Puderzucker
100g Mehl
Darunter ziehen:
10 Eiweisse mit 100g Zucker zu Eischnee geschlagen. Bei 200° C backen.

KÜRBIS-MISCHUNG
1000g Kürbispüree
50g Butter
30g Maisstärke
400g frische Sahne
3 Eier
10g Salz
Das Kürbisfleisch in heissem Wasser kochen, abgiessen. Die geschmolzene Butter mit der Maisstärke verrühren, Kürbispüree und Salz dazugeben. 15 Minuten bei mittlerer Hitze kochen, die Sahne und die verquirlten Eier beigeben.

LAVENDELEIS
1 l Milch
50g frischer (oder 35g getrockneter) Lavendel
miteinander aufkochen und absieben.
1 l frische Sahne
300g Zucker
200g Honig
20 Eigelbe
Eis wie gewohnt zubereiten und 1/3 der Lavendelmilch beigeben.

LIMETTEN-CREME-SOUFFLÉ
200g Zitronensaft
300g frische Sahne
12 Eigelbe
120g Zucker
50g Mehl
5 Blätter Gelatine
8 steif geschlagene Eiweisse
300g Zucker
Wie bei Patisseriecreme vorgehen und sofort die heisse italienische Meringuemischung beigeben
und in eine gebutterte Form füllen.

LIKÖRPRALINEN
2300g Zucker
750g Wasser
1 l Alkohol

Alkoholgehalt	Zuckertemperatur
60°	113° C
55°	114° C
50°	115° C
48°	116° C
40°	118° C
38°	120° C
35°	121° C

Den Sirup gemäss dem Alkoholgehalt kochen. Vom Herd nehmen und Alkohol beigeben. Von einer Schüssel in die andere umleeren, bis alles gut gemischt ist.

LÖFFELBISKUIT
Zu Schnee schlagen:
20 Eiweisse
500g Zucker
Zugeben:
20 geschlagene Eigelbe
Zuletzt 500g Kuchenmehl untermischen.
Bei 230° backen.

MANDARINENSCHALEN-FÜLLUNG
50g Mandarinenschale kandiert in
2 dl Mandarinensaft und 50g Zucker

MANDELN-FEUILLANTINES
100g Butter
100g Zucker
100g Rohzucker
Butter und Zucker schaumig rühren.
100g Orangensaft beigeben
100g gesiebtes Mehl darunter mischen
150g Mandelscheibchen beigeben
Bei 200° backen.

MANDEL-MERINGUE
1 l steif geschlagenes Eiweiss
1500 Zucker
Mischen:
300g Zucker
300g feingeriebene Mandeln
150g Milch
Bei 120° backen

MARC DE CHAMPAGNE-BAVAROIS

Im Wasserbad erwärmen
1/2 l Sirup 1260 dick
16 Eigelbe schlagen bis abgekühlt
Eine italienische Meringue herstellen mit:
12 Eiweisse
400g Zucker
12 Blätter Gelatine der heissen Meringue beigeben Beide Mischungen untereinander rühren und 400g Marc de Champagne und 2000g ungesüsste Sahne beigeben.

MARMORIERTER KÄSEKUCHEN

3500 Rahmkäse
800g Puderzucker
15 Eier
800g Schokolade
500g Puderzucker
Käse und Zucker schaumig rühren und langsam die Eier beigeben. Die Masse teilen. Der einen Hälfte die Mischung aus geschmolzener Schokolade und Puderzucker unter rühren.
Eine Form je zur Hälfte mit weisser und dunkler Masse füllen und mit der Tüte marmorieren.
Bei 210° im Wasserbad garen.

MARQUISE-MISCHUNG

700g dunkle Schokolade
150g Kakaopulver
500g Butter
16 Eigelbe
16 steif geschlagene Eiweisse
350g Zucker
Die Eigelbe mit der Butter schaumig rühren, das Kakaopulver und dann die dunkle Schokolade darunter mischen und die zur italienischen Meringue geschlagenen Eiweisse darunter ziehen.

MASCARPONE-MISCHUNG

10 Eigelbe
200g Zucker
400g Mascarpone
Saft von zwei Zitronen
Vanille
40g dunkler Rum
6 Eiweisse
400g ungesüsste Schlagsahne
4 Blätter Gelatine Eigelb, Zucker, Vanille und Mascarpone cremig rühren, Zitronensaft, Gelatine und Rum beigeben Eiweisse und Schlagsahne darunter ziehen.

MONTELIMAR-NOUGAT

400g Haselnüsse und 400g Mandeln im Ofen rösten. 200g Pistazien beifügen.
500g Honig mit 100g Glukose bei 125° C kochen. Gleichzeitig 1000g Zucker mit 150g Glukose bei 160° C kochen.
Nach und nach auf 8 steifgeschlagene Eiweisse auf Plastikfolie giessen und die Nüsse einarbeiten. Sofort auf Backpapier ausstreichen und vor dem Erkalten schneiden.

MOSAIK-BISKUIT

Für die Schokoladenmasse:
400g weiche Butter
400g Puderzucker
13 Eiweisse
230g Kuchenmehl
100g Kakaopulver
Die Schokoladenmasse auf eine Plastikfolie mit Matrize geben. Wenn im Tiefkühler fest geworden, mit Joconde- oder Löffelbiskuit. Alles nochmals gefrieren und dann umgekehrt auf Backfolie geben und bei 230° backen.

MOUSSELINE-CREME

1 l Milch
12 Eigelbe
500g Zucker
130g Mehl
150g Butter
Aus obigen Zutaten eine Patisserie-Creme zubereiten und diese leicht erwärmt in 350g schaumig geschlagene Butter einrühren und 5 Minuten schlagen.

MOUSSEN

Bananen-Mousse

1000g zerstossene Bananen
Saft einer halben Zitrone
9 Blätter Gelatine
100g dunkler Rum
200g Zucker
1300g ungesüsste Schlagsahne

Bitterschokoladen-Mousse

1000g ungesüsste Schlagsahne
1000g heisse Bitterschokolade

Durian-Mousse

1 l Milch
250g Zucker
10 Eigelbe
400g Durianfleisch
10 Blätter Gelatine
1 l Schlagsahne
Wie gewöhnliches Bavarois zubereiten. Gelatine darin auflösen und das Durianfleisch dazu geben. Die Masse durch ein Sieb drücken und etwas abkühlen lassen. Dann mit etwas Schlagsahne garnieren.

Irische Mousse

Ein Bavarois herstellen mit:
1/2 l Milch
8 Eigelbe
150g Zucker
100g Butter
16 Blätter Gelatine
Hinzufügen:
1/2 l irischer Whiskey
500g Kastanienpaste
750g Kastaniencreme
Zuletzt 2 l Schlagsahne

Mandarinen-Mousse

0,75 l Mandarinensaft
250g Mandarine Imperiale-Likör
600g Zucker
16 Blätter Gelatine
2000g ungesüsste Schlagsahne

Mangostane-Mousse

1000g Mangostane-Fruchtfleisch
200g Zucker
8 Blätter Gelatine
1000g ungesüsste Schlagsahne

Milchschokoladen-Mousse

1700g Milchschokolade
16 Eigelbe
3000g ungesüsste Schlagsahne
600g weisser Rum

Rosa Grapefruit-Mousse

1000g Grapefruitsaft
12 Eigelbe
300g Zucker
10 Blätter Gelatine
1000g ungesüsste Schlagsahne

Tee-Mousse
1 l Milch
12 Eigelbe
250g Zucker
16 Blätter Gelatine
75g Chinesischer Schwarztee
2 l Schlagsahne
Tee mit Milch anbrauen, absieben und zubereiten wie klassischer Bavarois.

Weiche dunkle Schokoladen-Mousse
1200g Bitterschokolade
200g Milchschokolade
16 Eigelbe
300g Schlagsahne
600g Cognac

Weisse Pfirsich-, Himbeer-, Birnen-, Cassis- und Erdbeer-Mousse
1000g Fruchtfleisch
100g Likör
200g Zucker
9 Blätter Gelatine
1000g ungesüsste Schlagsahne

Weisse Schokoladen-Mousse
1400g weisse Schokolade
18 Eigelbe
10 Blätter Gelatine
3000g ungesüsste Schlagsahne
500g Grand Marnier

Zitronen-Mousse
Erwärmen:
250g Zitronensaft-Konzentrat
10 Eier
500g Zucker
Dann 8 Blätter Gelatine zugeben
Nach dem Abkühlen 2 l ungesüsste Schlagsahne beigeben

OFEN-PATISSERIECREME
1 l frische Sahne
250g Zucker
16 Eigelbe
Bei 150° im Ofen pochieren

OPERNKUCHEN
Die erste Lage Joconde-Biskuit mit dunkler Schokoladenglasur bestreichen. Abkühlen lassen. Diese Schicht umgekehrt in Blech von 40x60x2 cm geben. Diese erste und die folgenden Schichten mit 1/2 l Kaffeesirup tränken. Mit 600g Kaffee-Buttercreme bestreichen. Eine zweite Schicht getränktes Biskuit darauf legen. Mit 600g Ganache bestreichen. Die letzte Lage getränktes Biskuit darauf geben. Mit 400g Kaffee-Buttercreme abschliessen. Abkühlen lassen und dann den ganzen Opernkuchen mit Opernkuchen-Glasur überziehen.

OPERNKUCHEN-GLASUR
400g flüssige Sahne
500g dunkle Schokolade
500g dunkle Schokoladen-Glasur
75g Trimolin
75g Glukose
Vorgehen wie bei gewöhnlicher Ganache. Abkühlen lassen. Im Wasserbad erwärmen und 200g Sirup von 1260 Dicke hinein geben. Verwenden bei 35 - 40° C.

ORANGEN-ERDBEER-SAUCE MIT SÜSSSTOFF
1 l Erdbeer-Püree
50g Zucker
20g Süssstoff
1 l Orangensaft
100g Zucker
40g Süssstoff
4 Blätter Gelatine

ORANGENKARAMEL- ODER MANDARINEN-SAUCE
Ein Karamel herstellen mit 500g Zucker, 300g Orangensaft und 100g Grand Marnier hinein geben.
Die Mandarinensauce mit Mandarinensaft und Mandarine Napoleon-Likör herstellen.

ORANGENCREME
Zusammen aufkochen:
300g Orangensaft
3 blanchierte Orangenschalen
100g Zucker

200g Butter
50g Zitronensaft
mit 300g Ei und 100g Zucker mischen
Wie bei Patisseriecreme vorgehen und
2 Blätter Gelatine zufügen

ORANGEN-MADELEINES
300g Zucker
9 Eier
300g Kuchenmehl
5g Backpulver
250g Butter
Orangenaroma
3 Orangenschalen
Ein Ei kann durch etwas Orangensaft ersetzt werden.

ORANGEN- ODER KAKI-GRANITÉ
1 l reiner Orangensaft
0,7 l Grundsirup
Auf 1107 Dicke titrieren.

PANFORTE CASERECCIO
150g Walnüsse
150g Mandeln
250g gemischte Fruchtschalen
5g Zimt und Muskat
175g Mehl
150g Honig
225g Puderzucker
Die Walnüsse und Mandeln im Ofen rösten. Abkühlen lassen, hacken und mit Mehl und Gewürzen vermischen. Bei 120° C ein Karamel herstellen mit Zucker, Honig und etwas Wasser. Alle Zutaten mischen und in einen mit Backpapier ausgekleideten Ring füllen. Bei 150° C zirka 30 Minuten backen.

PATISSERIECREME-FÄCHER
Die heisse Patisseriecreme dünn auf eine gebutterte Folie auftragen. Im heissen Ofen backen. Mit einem Spachtel schneiden und zum Fächer falten. In einer Dose mit Silikongel aufbewahren.

PFEFFERMINZ-GRANITÉ
1l Sirup 1107 dick
200g Crème de Menthe
200g Wasser
Auf 1107 titrieren.

PISTAZIEN-BAVAROIS
1l Milch
12 Eigelbe
200g Zucker
10 Blätter Gelatine
200g Pistazienpaste
1l ungesüsste Schlagsahne

PISTAZIEN-PRALINÉ-EIS
1l Milch
1l frische Sahne
500g Zucker
20 Eigelbe
100g Pistazienpaste
oder 400g Pralinépaste

RAVIOLITEIG
300g Kuchenmehl
200g Griess
5g Salz
50g Honig
60g Butter
5 Eigelbe
Wasser

REIS KAISERINART
150g Reis in 1l Milch mit 100g Zucker kochen.
Eine Vanille-Sauce zubereiten mit 1l Milch, 350g Zucker
15 Eigelbe und 8 Blättern Gelatine. Zur ersten Masse geben
und kühlen. 1l Schlagsahne, 400g gemischte, gehackte kandierte Früchte und 150g getrocknete Bananen darunter mischen. In Formen füllen und kühl stellen.

ROSEN-PARFAIT
50g Rosenblätter in 0,8 l 1260 dickem Sirup und absieben.
Im Wasserbad 32 Eier mit dem Sirup schlagen bis abgekühlt.
1 l ungesüsste Schlagsahne beifügen sowie 150g Rosenwasser aus Griechenland oder 24 ml Rosenessenz aus Indien.
Um ein stärkeres Aroma zu erhalten, kann man sehr wenig Rosenöl-Essenz verwenden.

ROTE BOHNENPASTE
500g rote Bohnen
550g Zucker
5g Salz
Die Bohnen dreimal aufkochen und das Wasser jedes Mal wechseln. Beim vierten Mal, die Bohnen 5 cm hoch mit Wasser bedecken und weich kochen. Sieben und dabei gut ausdrücken. Mixen, bis sie eine glatte Paste bilden. Die Paste bei mittlerer Hitze kochen und Zucker und Salz beigeben. Dabei sollte eine feste, weiche Paste entstehen.

SACHER-BISKUIT
700g Butter
750g Zucker
500g geschmolzene Schokolade
100g Kakaopulver
32 Eigelbe
1200g Kuchemehl
32 Eiweisse
Um die Masse leichter zu machen, kann Backpulver hinzugefügt werden.

SAGO-FÜLLUNG
1l Halbfett-Milch
100g Sago
7 Eier
200g Honig
200g Frischkäse 0% Fett
100g ungesüsste Schlagsahne
900g feingehackte gemischte Früchte
80g getrocknete Feigen
4 Blätter Gelatine
430g gesüsste Erdbeersauce
650g gesüsste Orangensauce
6 Blätter Gelatine
Sago in Milch und Honig kochen. Gelatine zugeben, danach die Eier und den geschlagenen Frischkäse. Zuletzt die Früchte beigeben. Im Wasserbad in einer beschichteten Form garen.

SAUTERNES-GELEE
0,75 l Sauternes-Wein
0,75 l Sirup 1240 dick
16 Blätter Gelatine

SAVARIN
1000g Kuchenmehl
25g Salz
70g Zucker
30g frische Hefe
10 Eier
200g Wasser
300g geschmolzene Butter

SCHOKOLADE-BLÄTTERTEIG
1000g Kuchenmehl
20g Salz
100g geschmolzene Butter
500g Wasser
500g Butter gemischt mit 120g Kakaopulver für äusseren Teig.

SCHOKOLADEN-HASELNUSS-BISKUIT
32 Eiweisse
600g Zucker
800g feingeriebene Haselnüsse
500g Puderzucker
500g Kakaopulver
100g Kuchenmehl
Bei 230° C backen

SCHOKOLADEN-MERINGUE
16 Eiweisse
600g Zucker
400g Puderzucker
150g Schokoladenpulver
Die Eiweisse mit Zucker zu Eischnee schlagen, dabei den mit dem Kakaopulver gesiebten Puderzucker sorgfältig beigeben. In ein gefettetes, bemehltes Blech spritzen. Bei 100-120°C zwei Stunden backen.

SCHOKOLADEN-PARFAIT
1l Milch mit 400g Zucker kochen
Zufügen:
750g Zucker
600g Eigelb
Sieben und zum Kochen bringen und auf der dritten Stufe schlagen.
Dann beigeben:
1300g Bitterschokolade
200g Kakaopaste
200g ungesüsste Schlagsahne

SCHWEIZER KÄSEKUCHEN

Mischen:
110g weiche Butter
5 Eigelbe
Im Wasserbad auf 50° C erwärmen:
375g Milch
300g Rahmkäse (z.B. Philadelphia)
Zu dieser Masse geben:
50g Mehl
25g Maizena
10g Orangenschale
Dann hinzu fügen:
Die Butter-Eier-Masse
Dann 9 Eiweisse, mit 200g Zucker steif geschlagen
Im Wasserbad bei 200° ohne Dampf garen.
Diese Zubereitung kann auch für ein heisses Käse-Soufflé verwendet werden. Dieses im heissen Ofen bei 230-240° C backen.

SORBETS

Ananas-, Litschi-, Corossol-, Walderdbeer- und Aprikosen-Sorbet
1 l Fruchtfleisch
1 l Basis-Sirup
Reduzieren und titrieren auf 1133

Basis-Sirup
1l Wasser
700g Zucker
250g Glukose
Bindemittel

Bergamotten-Sorbet
1l Wasser
500g Zucker
8 Bergamottenblätter
Titrieren und anpassen auf 1133

Frisches Tamarinden-Sorbet
900g Wasser kochen
Hineingeben:
1000g frische saure Tamarinden und köcheln, bis sie weich sind. Mixen und absieben. 1,3 l Basissirup zugeben.
Anpassen und titrieren auf 1133. Die Farbe des Sorbets ist hellbraun oder grünlich, je nach Reife der Früchte.

Grüntee-Sorbet
1 l Milch
12 Eigelbe
100g Zucker
2,5 l Wasser
1000g Zucker
50g Grüntee
Separat eine Vanille-Sauce und ein Sorbet gemischt mit dem Grüntee (max. 5 Minuten ziehen lassen) zubereiten.
Zuletzt alle Zutaten mischen und in der Eismaschine gefrieren.

Krickbier-Sorbet
1 l Bier
1 l Basis-Sirup
Anpassen und titrieren auf 1133

Limetten-Sorbet
1l Limettensaft
4l Basis-Sirup
Anpassen und titrieren auf 1133

Mandarinen-, Mangostanen- oder Grünapfel-Sorbet
1 l Fruchtfleisch
0,7 l Basis-Sirup
Anpassen und titrieren auf 1133

Rhabarber-, Himbeer-, Kiwi-, Kalamansi- oder Brombeer-Sorbet
1l Fruchtfleisch
1,5 l Basis-Sirup
Anpassen und titrieren auf 1133

Rosa Grapefruit-, Passionsfrucht- oder Salak-Sorbet
1 l Fruchtfleisch
2 l Basis-Sirup
Anpassen und titrieren 1133

Saures Tamarinden-Sorbet
100g saure Tamarindenpaste
1l Sirup 1142
Die Tamarinden 5 Minuten aufbrühen, bevor man sie durch das Sieb drückt.

SUCCESS-BISKUIT
Mischen:
250g feingeriebene Mandeln
250g Puderzucker
100g Mehl
Dann darunter ziehen:
10 Eiweisse, mit 100g Zucker steif geschlagen

SULTAN-CREME
1/3 Patisserie-Creme
2/3 Schlagsahne
Die beiden Massen langsam mischen.

SUPPE MIT CASSIS-ZITRUS-WEIN
1 l Burgunder-Wein
50g Cassis
oder 100g Crème de Cassis
ausgelöste Schnitze von 2 Orangen
1/2 Limette
2 Nelken
150g Zucker
100g Orangensaft

TEE-TRÜFFEL
100g chinesischer Schwarztee
260g Wasser
1500g frische Sahne
400g Glukose
250g Butter
2800g dunkle Schokolade
1000g dunkle Schokolade zum Wenden
350g Kakaopulver

ÜBERRASCHUNGS-HIPPENTEIG
250g Butter
500g Puderzucker
14 Eiweisse
250g Mehl
Butter und Zucker schaumig rühren, Mehl beigeben und nach und nach die Eiweisse zufügen.

WAFFELN
1000g Mehl
500g Butter
150g feingeriebene Mandeln
400g Puderzucker
6 Eier
Vorgehen wie bei Zuckerteig.
Eine dünne Schicht auf eine gefettete Folie und ein Gitter spritzen mit Royal-Glasur. Schneiden und in Mittelhitze backen.

WALNUSS-FINANCIER
100g feingeriebene Mandeln
50g Walnuss feingerieben
300g Puderzucker
80g Mehl
9 Eiweisse
250g geschmolzene Butter

WALNUSSKUCHEN
500g Butter
750g Zucker
13 Eier
10g Salz
750g Walnüsse
15g Backpulver
200g Mehl
65g dunkler Rum

Butter, Zucker und Salz schaumig rühren, die Eier nach und nach beigeben. Mehl und Backpulver sieben und mit den gehackten Nüssen und dem Rum mit der ersten Masse vermischen. Die Form zu 2/3 füllen und 30 Minuten bei 200° C backen.

WEICHE KARAMEL
1000g Zucker, 500g Glukose und 100g Trimolin karamellisieren.
Einkochen mit einem Liter Kondensmilch und dann das Aroma beifügen
(1 Vanilleschote, 150g Kaffee-Extrakt, 240g Praliné oder 500g Bitterschokolade).
Bei 118° (für Schokolade 114°) kochen und in einen Rahmen auf gebuttertem Marmor giessen. Auskühlen lassen und nach Wunsch schneiden.

WEICHE MAKRONEN
1000g ungekochte Mandelpaste
450g Puderzucker
6 Eiweisse

6 Eiweisse, mit 150g Puderzucker steif geschlagen Die Mandelpaste im Wasserbad wärmen, die Eiweisse und dann den Puderzucker beigeben. Auf 45° erwärmen. Die geschlagenen Eiweisse darunter ziehen und auf eine gefettete und bemehlte Folie spritzen. Während 4 Stunden bei 30°C im Ofen antrocknen lassen und dann bei 220° C backen.

ZIMT-EIS
1 l Milch
250g Zucker
12 Eigelbe
200g Sahne
25g Trimolin
1g Bindemittel
12g Zimtpulver

ZITRUS-FRUCHTSAUCE
Karamellisieren:
200g Honig
300g Zucker
Einkochen mit 100g Zitronensaft, 200g Grapefruit und 100g Orangensaft.

Appendice

In questa appendice, le mousse, i sorbetti ed i biscotti americani, sono stati messi insieme in una lista sotto il loro appropriato titolo.

AMARETTI CROCCANTI
Miscelare 1000g di pasta di mandorle cruda con 250g di zucchero. Lasciare riposare per un giorno ed aggiungere un mix composto da: 4 albumi 240g di zucchero cotto a 121°C Disporli su carta antiaderente e cuocere in forno a 190°C Dopo la cottura mettere un po' d'acqua sotto la carta ed accoppiare gli amaretti.

AMARETTI LISCI
1000g di pasta alle mandorle cruda
450g di zucchero a velo
6 albumi
6 albumi montati
150g di zucchero a velo
Scaldare la pasta di mandorle a bagnomaria, aggiungere gli albumi e lo zucchero a velo. Portare a 45°C ed aggiungere gli albumi montati e versare su una placca oleata e infarinata. Mettere in forno a 30°C per 4 ore e lasciare che si formi una crosta .Cucinare in forno a 220°C.

ANANAS CRISTALLIZZATE
Cucinare delle sottili fette di ananas per qualche minuto in dello sciroppo a 18°B di densitÖ . Eliminare lo sciroppo in eccesso e disporle su una teglia con carta antiaderente.Lasciare asciugare per 3 ore in forno a 120°C

BAVARESE AL CARAMELLO
1000g di zucchero
300g di glucosio
1 litro fresco di crema
20 tuorli d'uovo
16 fogli di gelatina
2000g di panna montata non zuccherata
Realizzare un leggero caramello con lo zucchero, il glucosio e l'acqua. Scottare con la crema calda, quindi aggiungere I tuorli e la gelatina (ammorbidita in acqua e strizzata). Prima di utilizzarla, aggiungere la panna montata e metterla nello stampo che si preferisce.

BAVARESE AL COCCO
1 litro di latte di cocco
200g di crema di cocco in polvere
10 tuorli
250g di zucchero
200g di cocco macinato
8 fogli di gelatina
1000g di panna montata

BAVARESE AL COINTREAU O ARMAGNAC
1 litro di latte
12 tuorli
250 g di zucchero
10 fogli di gelatina
150g di Cointreau o 100g di Armagnac
1000g di panna montata

BAVARESE AL PISTACCHIO
1 litro di latte
12 tuorli
200g di zucchero
10 fogli di gelatina
200g di pasta di pistacchio
1 litro di panna montata non zuccherata

BAVARESE ALLE SPEZIE O BAVARESE ALLA CANNELLA
1 litro di latte
150 g di miele
150g di zucchero
15g di cannella
15 tuorli
10 fogli di gelatina
1000g di panna non zuccherata
Per la bavarese alle spezie, aggiungere 250g di pan di zenzero finemente tritato.

BAVARESE ALLO CHAMPAGNE MARC
Cuocere a bagnomaria:
1/2 litro di sciroppo a 28°B
16 tuorli montati
Fare una meringa all'italiana con:
12 albumi
400g di zucchero
Aggiungere 12 fogli di gelatina all' impasto caldo della meringa. Unire le due miscele aggiungendo 400g di Champagne Marc e 2000g di panna montata non zuccherata.

BIANCOMANGIARE
1 litro di latte
250g di mandorle senza pelle
250g di zucchero
10 fogli di gelatina
1000g di panna montata non zuccherata
Estratto di mandorle
Tritare le mandorle e farle bollire insieme al latte.

BISCOTTI AMERICANI
Biscotti al burro di nocciline
540g di burro
600g di burro di nocciline
750g di zucchero
800g di zucchero di canna
8 uova
200g di latte
5g di vaniglia
1100g di farina
10g di bicarbonato
10g di sale
5g di cannella
500g di farina d'avena
1300g di uva passa
Seguire lo stesso metodo dei biscotti con nocciline e uva passa.

BISCOTTI ALLA CREMA DI FORMAGGIO
900g di burro
450 g di formaggio
1900g di zucchero
15 uova
5g di vaniglia
650g di farina
300g di cocco in polvere
10g di bicarbonato
15g di sale
450g di noccioline tritate
Unire il burro, lo zucchero ed il formaggio. Appena diventano un'unica crema, aggiungere le uova e la vaniglia seguiti dal sale, la farina, la polvere di cocco ed il bicarbonato, tutti setacciati insieme. Aggiungere la frutta secca e mettere la miscela in una teglia cm 40x60 e cuocere in forno per 30 minuti a 200°C.

BISCOTTI ALLE MANDORLE
1800g di burro
200g di zucchero
10g di vaniglia
5g di estratto di mandorla
20 uova
4000g di farina
10 g di sale
1200 g di polvere di mandorle
1400g di frutta mista pelata

Fare una crema con il burro, lo zucchero, la vaniglia e l'estratto di mandorle, aggiungendo le uova. Aggiungere la farina, il sale, la polvere di mandorle e la frutta pelata alla prima miscela. Mettere in uno stampo e lasciare raffreddare. Tagliare a forma di quadrati e cuocere in forno a 190°C.

BISCOTTI ALLE NOCI
1800g di burro
2400g di zucchero
22 uova
15g di vaniglia
2600g di farina
600 di cacao in polvere
25g di sale
1000g di noci per la decorazione
500g di zucchero

Procedere come I biscotti alle mandorle. Decorare con la tasca da pasticcere utilizzando la bocchetta liscia Spolverizzare con zucchero semolato e fare pressione con il polpastrello nella parte centrale Cuocere in forno per 10-12 minuti a 200°C. Quando ä freddo decorate con un mix composto da 2000g di zucchero a velo, 800g di burro, 100g di latte e vaniglia e finire con mezza noce posta sulla parte superiore.

BISCOTTI DI NOCCIOLINE E UVA PASSA
550g di burro
450g di zucchero di canna
450g di zucchero
6 uova
5g di vaniglia
900g di farina
15g di bicarbonato
10g di sale
360g di misto di noccioline tritate
240g di noci tritate
300g di uvetta

Fare una crema con il burro, lo zucchero di canna, lo zucchero bianco e le uova. Aggiungere la farina, il sale e la polvere di bicarbonato al primo impasto. Sistemare su un foglio di carta unto aiutandosi con un cucchiaio e spianare con la spatola. Cuocere in forno a 200°C per 8-10 minuti.

I BISCOTTI DELLO ZIO SAM
1800g di burro
3800g di zucchero
20 uova
20g di vaniglia
3300g di farina
800g cacao in polvere
25g di bicarbonato
25g di sale

Seguire lo stesso metodo dei biscotti alle mandorle. Cuocere il composto arrotolandolo a cilindro e farlo raffreddare ancora. Tagliarlo a fette dello spessore di 3mm e cuocerle in forno a 200°C. Accoppiarle con lo stesso mix usato per I biscotti alle noci.

Piccoli Brownies
700g di burro
1600g di zucchero di canna
8 uova
10g di vaniglia
1000g di farina
10g di sale
15g di bicarbonato
1100g di cioccolato tritato

Fondere il burro, aggiungere lo zucchero e dargli una scottata. Lasciarlo raffreddare continuate a girarlo e aggiungere le uova. Setacciare la vaniglia, la farina e il bicarbonato quindi aggiungerli al composto finire aggiungendo il sale e il cioccolato tritato. Versare in una teglia oleata cm 40x60 e cuocere in forno a 200°C.

Virginia Brownies
350g di burro
800g di zucchero
400g di panna fresca
16 uova
10g di vaniglia
800g di farina
10g di bicarbonato
10g di sale
700g di noccioline tritate
1800g di cioccolato tritato

Scottare il burro e la panna, aggiungere il cioccolato e amalgamare prima che diventi freddo. Successivamente aggiungere le uova sbattute e la vaniglia, quidi la farina ed il bicarbonato setacciati seguiti dal sale e la frutta. Versare in una teglia 40x60 cm e cuocere in forno per 30 minuti a 200°C.

BISCOTTO AL CIOCCOLATO E NOCCIOLE
32 albumi
600g di zucchero
800g di di polvere di nocciole
500 g di zucchero a velo
500g di cacao in polvere
100g di farina per torte
Cuocere a 230°C

BISCOTTO AL COCCO, CIOCCOLATO E ZENZERO
50g di cocco macinato
200g di zucchero
50g di cacao in polvere
4 uova
6 tuorli
6 albumi
100g di fecola
150g di burro fuso
50g di zucchero candito
20g di bicarbonato

Miscelare il cocco in polvere con gli albumi e lo zucchero a velo, setacciare ed aggiungere la fecola, il cacao in polvere ed il bicarbonato. Molto delicatamente aggiungere gli albumi montati, il burro fuso e lo zenzero candito e tritato. Mettere in uno stampo e cuocere in forno a 180°C

BISCOTTO AMERICANO
36 albumi
600g di zucchero
36 tuorli
400g di zucchero
700g di cioccolato nero tritato

350g di farina
700g di crackers sminuzzati
Montare gli albumi con 600g di zucchero e separatamente montare I tuorli con 400g di zucchero. Miscelare il cioccolato, la farina ed I crackers sminuzzati e molto lentamente aggiungere I tuorli e gli albumi precedentemente montati. Cuocere in forno a 120°C.

BISCOTTO CASTELLO
Fare un mix con:
500g di polvere di mandorle
500g di zucchero
100g di farina per torte
5 albumi
Incorporare:
26 albumi montati con 350g di zucchero. Fare 3 fogli 40x60 cm su carta siliconata. Cuocere a 200°C Per fare la Torta Castello sovrappore 3 strati di Biscotto Castello farciti con crema di burro pralinata. Spolverare con lo zucchero a velo.

BISCOTTO DACQUOIS
500g di polvere di mandorle
500g di zucchero a velo
150g di farina per dolci
32 albumi
200g di zucchero
Cuocere in forno a 180°C

BISCOTTO DURIANO
1500g di farina per dolci
60d di bicarbonato
30g di sale
1170g di olio vegetale
780g di tuorli (48 tuorli)
750g di latte
1000g di polpa di duriano
1550g di albumi
900g di zucchero
Miscelare la farina, il bicarbonato, il sale e lo zuccheroo, quindi aggiungere l'olio, I tuorli, il latte e la polpa di duriano. A parte montare gli albumi con lo zucchero e delicatamente unire le due miscele. Mettere in uno stampo e infornare a 200°C.
Nota: in assenza del duriano fresco, puo' essere usata la pasta di duriano. Sostituire 1 kg di duriano fresco con 1.5kg di pasta ed usare meno zucchero.

BISCOTTO GENOVESE ALLO ZENZERO
Montare fino al raggiungimento di una massa chiara:
500g di polvere di mandorla
500 g di zucchero
16 uova
Incorporare:
100g di farina per torte
100g di fecola
Quindi aggiungere 250g di burro fuso e 120g di zenzero candito.

BISCOTTO GIOCONDO
350g di zucchero a velo
350g di polvere di mandorle senza pelle
9 uova
70g di farina
Montare lo zucchero a velo, la polvere di mandorle, le uova ed I tuorli per 5 minuti. A parte montare a neve 9 albumi con 70g di zucchero ed unirla alla prima miscela. Cuocere in forno a 240°C.

BISCOTTO MOSAICO
Per la miscela di cioccolato:
400g di burro ammorbidito
400g di zucchero a velo
13 albumi
230g di farina per dolci
100g di cacao in polvere
Stendere la miscela di cioccolato su un foglio di carta siliconata. Dopo averlo fatto raffreddare in freezer ricoprirlo con il biscotto Giocondo o con i savoiardi. In alternativa si puï gelare ancora e metterlo sottosopra su carta siliconata prima di cuocerlo a 230°C

BISCOTTO SUCCES AL COCCO
Fare un mix con:
250g di cocco in polvere
250g di zucchero a velo
100g di farina
Aggiungere:
10 albumi montati a neve con 100g di zucchero. Cuocero in forno a 200°C.

BISCOTTO SUCCESS
Fare una miscela con:
250g di polvere di mandorle
250g di zucchero a velo
100g di farina
Quidi aggiungere:
10 albumi montati a neve con 100g di zucchero
Cuocere in forno a 200°C.

BUGNES ALLA LIONESE
1000G di farina
1/4 di litro di latte
75g di burro
40g di zucchero
20g di sale
5 uova
25g di rum scuro
25g aroma ai fiori d'arancio
20g di bicarbonato
Fare una crema ferma, lasciandola riposare 2 ore.

CARAMELLE AL LIQUORE
2300g di zucchero
750g di acqua
1 litro di alcool

gradi alcool	temperatura zucchero
60°	113°C
55°	114°C
50°	115°C
48°	116°C
40°	118°C
38°	120°C
35°	121°C

Cuocere lo sciroppo in base al rispettivo grado dell'alcool. Togliere dal fuoco ed aggiungere l'alcool. Versare il liquido da una ciotola all'altra in modo da miscelarlo bene.
Successivamente versarlo in uno stampo caldo con la fecola,
realizzando la prima forma.
Spolverizzare con po' di fecola e rim uovere dopo 24 ore di cristallizzazione.

CARAMELLE GELATE
Fare delle piccole palline di gelato. Porle in freezer e ricoprirle con il seguente mix:
1000g di cioccolato nero
200g di burro di cacao
300g di margarina vegetale

CARAMELLE MOU
Miscelare 1000g di zucchero con 500g di glucosio e 100g di
zucchero invertito. Unire la miscela a 1 litro di latte condensato quindi aggiungere gli aromi (1 seme di vaniglia, 150g di estratto di caffä,240g di pralinato o 500g di cioccolato amaro). Cuocere in forno a 118°C (114°C per il cioccolato), quindi versarlo su un piano di marmo imburrato, lasciarlo raffreddare e tagliare.

CARAMELLO ASIATICO
Cuocere raggiungendo la temperatura di 150°:
1500g di zucchero
1500g di miele
150g di glucosio
Aggiungere 2500g di frutta secca e noccioline a vostra scelta quindi stendere su marmo oleato e tagliare velocemente.

CARDO AL CAFFE'
Mettere in infusione 125g di caffä in 600g di acqua. Eliminare del tutto l'acqua ed aggiungere 30g di estratto di caffä. Cucinare 1250g di zucchero a 124°C.
Dopo aver finito la cottura, mettere 300g dell'infusione nel lo zucchero cotto. Versarlo in un vassoio con dell'amido (vedi Caramelle al liquore). Immergilo due volte nel cioccolato bianco e passalo alla griglia.

CIALDE GIAPPONESI
6 uova
200g di zucchero
80g di miele
60g di alcool di riso
10g di bicarbonato
800g di farina per dolci
200g di panna fresca

Procedere come per una normale cialda

COPERTURA ALLA TORTA OPERA
400g di panna liquida
500g di cioccolato nero
500g di copertura di cioccolato
75g di zucchero invertito
75g di glucosio
Procedere come per una normale ganache. Lasciare raffreddare. Riscaldare a bagnomaria ed aggiungere 200g di sciroppo a 30° BaumÇ. Usare 35-40°C

COULIS DI AGRUMI
Fare un caramello con :
200g di miele
300g di zucchero
Diluire con 100g di succo di limone, 200g di succo di pompelmo e 100 g di succo d'arancia.

COULIS DI ARANCE E FRAGOLE CON DOLCIFICANTE
1 litro di purÇe di fragole
50g di zucchero
20g di dolcificante
1 litro di succo di arance
100 g di zucchero
40g di dolcificante
1 fogli di gelatina

CREMA AL MASCARPONE
10 tuorli
200g di zucchero
400g di formaggio Mascarpone
Succo di 2 limoni
Vaniglia
40g di rum scuro
6 albumi
400g di panna montata non zuccherata
1 fogli di gelatina
Fare una crema con I tuorli, lo zucchero,la vaniglia,il mascarpone, il succo di limone, la gelatina ed il rum. Incorporare gli albumi e la pana.

CREMA AL SAGO
1 litro e 1/2 di crema di latte
100g di sago
2 uova
200g di miele
200g di formaggio fresco a 0% di grassi

100g di panna montata non zuccherata
900g frutta mista finemente tritata
80g di fichi secchi tritati
4 fogli di gelatina
430g di coulis di fragole zuccherata
650g di succo d'arancia dolce a cui bisogna aggiungere:
6 fogli di gelatina
Cucinare il sago nel latte e nel miele. Aggingere la gelatina, seguita dalle uova e dal formaggio fresco ridotto a crema. Per ultimo aggiungere la frutta. Cucinare a bagnomaria in uno stampo antiaderente.

CREMA ALLA ZUCCA
1000g di puräe di zucca
50g di burro
30g di fecola
400g di panna fresca
3 uova
10g di sale
Cucinare la zucca in acqua calda. Setacciare la fecola ed aggiungere il burro fuso, quindi unire al puräe di zucca e salare. Cucinare per 15 minuti a fuoco medio, aggiungere la panna e le uova sbattute

CREMA CHIBOUST
Fare la crema pasticcera ed aggiungere la gelatina ammorbidita
1 litro di latte
1 stecca di vaniglia
20 tuorli d'uovo
350g di zucchero
100g di crema in polvere
8 fogli di gelatina
Contemporaneamente preparare una meringa all'italiana con:
800g di zucchero
300g di acqua
14 albumi montati con 100g di zucchero
Lentamente miscelare i due composti caldi ed usarli velocemente.

CREMA CLAFOUTIS
1/2 di latte
1/2 di panna
12 uova
250 g di zucchero
100 g di farina

100 g di burro fuso
Sbiancare le uova con la crema, aggiungere la farina e il burro fuso quindi il latte e la crema.

CREMA D'ARANCIA
Portare ad ebollizione:
300g di succo d'arancia
Scorze di 3 arance tagliate a julienne e scottate
100g di zucchero
200g di burro
50g di succo di limone
Sbiancare con:
300g di uova
100g di zucchero
Procedere come per la crema pasticcera ed aggiungere:
2 fogli di gelatina

CREMA DI CASTAGNE
500g di pasta di castagne
300g di crema pasticcera
30g di rum scuro
300g di panna montata non zuccherata

CREMA DI GRANITA AL CACAO
1 litro di sciroppo base
750g di cacao in polvere
1 litro di acqua
Rettificare e portare a 14°B di densitÖ

CREMA DI NOCCIOLE
1 1/2 litro di crema di latte
10 tuorli
75g di zucchero
50g di miele
40g di polvere di nocciole
Procedere come la crema alla vaniglia.

CREMA MARQUISE
700g di cioccolato nero
150g di cacao in polvere
500g di burro
16 tuorli
16 albumi montati
350g di zucchero
Montare gli albumi con il burro e aggiungere il cacao in polvere seguito dal cioccolato nero e dagli albumi (montati come per la meringa all'italiana).

CREMA MOUSSELINE
1 litro di latte
12 tuorli
500g di zucchero
130 g di farina
150 g di burro
Rendere a crema 350g di burro, aggiungere la crema a temperatura ambiente ed emulsionare per 5 minuti.

CREMA PASTICCERA AL COCCO
1 litro di latte di cocco
7 tuorli
250g di zucchero
50 g di farina
50 g di crema pasticcera
150g di crema di cocco in polvere
Seguira la stessa modalitÖ della crema pasticcera alla vaniglia, sostituire il latte con il latte di cocco.

CREMA SULTANA
1/3 di crema pasticcera
2/3 di panna montata
Unire le due creme delicatamente.

CREME BRULEE
1 litro di panna fresca
250g di zucchero
16 tuorli
cuocere a cottura media (150°C)

CREPE DI GRANO SARACENO
150g di farina di grano saraceno
250g di farina Tipo 0
6 uova
50g di zucchero
1,1 litri di latte
5g di sale
100g di olio

CROCCANTE GELATO AL POLLINE D'APE
2 litri di panna montata
750g di croccante freddo e tritato
800g di caramelle alla frutta macerate in 300g di kirsch
200g di nocciole tostate e tritate, miscelate a 100g di polline d'ape 500g di meringhe all'italiana al miele.
Miscelare, tutti gli ingredienti insieme alla panna montata, non usare solo la meringa che sarÖ aggiunta nella fase finale.

FINANZIERA ALLE NOCI
100g di mandorle in polvere
50g di noci in polvere
300g di zucchero a velo
80g di farina
3 albumi
250g di burro fuso.

FIORENTINI
Far bollire insieme:
300g di burro
600g di zucchero
250g di miele
500g di latte
Incorporare:
600g di mandorle a fette
600g di frutta candita
300g di arance pelate e candite
Togliere dalla fiamma ed aggiungere
150g di farina. Mettere in uno stampo antiaderente e cuocere in forno a 220°C.

GELATINA AL SAUTERNES
0.75 litri di vino Sauturnes
0.75 litri di sciroppo a 28°B
16 fogli di gelatina

GELATINE DI FRUTTA
Bollire 1000g di purÇe di frutta, incorporando 100g di zucchero miscelato con 20g di pectina. Aggiungere 1000g di zucchero e150g di glucosio. Cucinare a 108-109°C. Rimuoverli dal calore e aggiungere 10g di acido tartarico diluito nella stessa quantitÖ di acqua. Versare la gelatina nella teglia rivestita con della carta siliconata o spolverizzata con della fecola. Lasciare reaffreddare, tagliare e rivestirle con lo zucchero cristallizzato.

GELATO AL MIELE E NOCI
4 litri di latte
1 litro di panna
30 tuorli
500g di miele
100g di zucchero
350g di noci
E' meglio caramellizzare e tagliare le noci prima di incorporarle al gelato.

GELATO ALLA CANNELLA
1 litro di latte
250 g di zucchero
12 tuorli
200g di crema
25g di zucchero invertito-trimolina
1g di legante
12g di cannella in polvere

GELATO ALLA LAVANDA
Mettere in infusione e filtrare:
1 litro di latte
50g di lavanda fresca (o 35g secca)
1 litro di panna fresca
300g di zucchero
200g di miele
20 albumi
Procedere come un normale gelato e aggiungere 1/3 della lavanda usata precedentemente.

GELATO ALLE PRUGNE
1/2 litro di latte
1/2 litro di panna fresca
250g di zucchero
10 tuorli
140g di Armagnac
400g di prugne lessate, snocciolate e tritate

GELATO DI PISTACCHIO O PRALINATO
1 litro di latte
1 litro di panna fresca
500g di zucchero
20 tuorli
100g di pasta di pistacchio o 400g di pasta pralinata

GRANITA ALLA MENTA
1 litro di sciroppo a 14¯B
200g di crema alla menta
200g acqua
Rettificare e portare a 14¯B di densitÖ

GRANITA DI ARANCIA O CACHI
1 litro di puro succo d'arancia
0.7 litri di sciroppo base
Correggere con lo sciroppo base 14°B

HALVAS
1000g di semolino fine
1500g di zucchero
1 litro di acqua
1/2 litro di olio d'oliva
Friggere il semolino nell' olio caldo e lasciare che prenda colore. Aggiungere lo sciroppo e cucinare finchÇ si addensa. Metterlo ancora caldo in uno stampo e lasciare raffreddare.

IMPASTO TULIPANO
750g di zucchero a velo
750g di burro
24 albumi
550 farina per torte

JULIENNE DI BUCCIA DI MANDARINO
Cristallizzare 50g di buccia di mandarino tagliata a julienne in 2dl di succo di mandarino e 50g di zucchero.

LA COLOMBAIA
100g di pasta di mandorle cruda
8 albumi
8 uova
250g di arance pelate e tritate
125g di fecola
8 albumi montati con 50g di zucchero
100g di burro fuso
Sbattere la pasta di mandorle con gli albumi e le uova. Aggiungere la fecola e l'arancia e successivamente gli albumi montati a neve, finire con il burro fuso. Cuocere in forno a 180°C.

MADELEINES ALL'ARANCIA
300g di zucchero
9 uova
300g di farina
5g di bicarbonato
250g di burro
Aroma all'arancia
Scorze di 3 arance tagliate a julienne
Un uovo puï essere sostituito da un po' di succo d'arancia.

MERINGA AL CIOCCOLATO
16 albumi
600g di zucchero
400g di zucchero a velo
150 g di cacao in polvere
Montare a neve gli albumi e lo zucchero, delicatamente aggiungere lo zucchero a velo setacciato insieme alla polvere di cacao. Disporre su un foglio di carta oleato ed infarinato.
Cuocere a 100-120°C per due ore.

MERINGA ALLE MANDORLE
1 litro di albume montato
1500g di zucchero
Mix di: 300g di zucchero, 300g di polvere di mandorle, 150g di latte
Cottura in forno a 120°C

MOUSSE AL FORMAGGIO FRESCO
10 tuorli
200g di zucchero
10 albumi
50g di zucchero
500g di panna montata non zuccherata
550g di formaggio fresco con 0% di grassi
8 fogli di gelatina
Mettere lo zucchero e le uova a bagnomaria e montarli fino a che si raffreddano. Miscelare la gelatina inizialmente con poco formaggio e a seguire con tutto. Aggiungere gli albumi montati e la panna montata.

MOUSSE ALLA GIANDUIA
16 tuorli
1/2 litro di sciroppo a 1260 gradi
800g di cioccolato amaro
800g di gianduia
2000g di panna montata

MOUSSE GELATA AGLI ALCHECHEGENGI
300g di polpa
100g di zucchero a velo
250g di panna montata non zuccherata
3 albumi montati
50g di zucchero

MOUSSE

Mousse al limone
Sbollentare:
250g di succo di limone
10 uova
500g di zucchero

Incorporare:
8 fogli di gelatina
Appena fredda aggiungere 2 litri di panna montata non zuccherata.

Mousse al mandarino
0.75 litri di succo di mandarino
250g do alcool imperiale
600g di zucchero
16 fogli di gelatina
200g di panna montata non zuccherata

Mousse al mangosteno
1000g di polpa di mangosteno
200g di zucchero
8 fogli di gelatina
1000g di pana montata non zuccherata

Mousse al pompelmo rosa
1000g di succo di pompelmo
12 tuorli
300g di zucchero
10 fogli di gelatina
1000g di panna montata non zuccherata

Mousse al tä
1 litro di latte
12 tuorli
250g di zucchero
16 fogli di gelatina
75g di tä chinese nero
2 litri di panna montata
Mettere in infusione il tä con il latte, filtrare e procedere come una normale bavarese.

Mousse alla Banana
1000g di polpa di banana
Succo di 1/2 limone
9 fogli di gelatina
100g di rum scuro
200g di zucchero
1300g di panna montata non zuccherata

Mousse di cioccolato al latte
1700g di cioccolato al latte
16 tuorli
3000g di panna montata non zuccherata
600g di rum bianco

Mousse di cioccolato amaro
1000g di panna montata non zuccherata
1000g di cioccolato amaro

Mousse di cioccolato bianco
1400g di cioccolato bianco
18 tuorli
10 fogli di gelatina
3000g di panna montata non zuccherata
500g di Grand Marnier

Mousse di pesche bianche, lamponi, pere, ribes neri e fragole
1000g di polpa
100g di liquore
200g di zucchero
9 foglii di gelatina
1000g di panna montata non zuccherata

Mousse Duriano
1 litro di latte
250 g di zucchero
10 tuorli
400g di polpa di duriano
10 fogli di gelatina
1 lito di panna montata
Procedere come una normale bavarese. Sciogliere la gelatina seguita dalla polpa di duriano. Filtrare la miscela e lasciarla raffreddare leggermente prima di ornare con la panna montata.

Mousse Irlandese
Fare una bavarese con:
1/2 litro di latte
8 tuorli
150g di zucchero
100g di burro
16 fogli di gelatina
Aggiungere
1/2 litro di wiskey irlandese
500g di pasta di castagne
750g di crema di castagne
e per finire 2 litri di panna montata

Mousse soffice al cioccolato nero
1200g di cioccolato amaro
200g di cioccolato al latte
16 tuorli
300g di panna montata
600g di cognac

PANFORTE CASERECCIO
150g di noci
150g di mandorle
250g di frutta mista pelata
5g di cannella e noce moscata in polvere
175g di farina
150g di miele
225g di zucchero a velo
Tostare le mandorle e le noci in forno. Lasciare raffreddare, tritare e unirle alla farina e alle spezie. Fare un caramello (120°C) con lo zucchero, il miele e un po' di acqua. Miscelare tutti gli ingredienti e versarli in un piccolo stampo ad anello foderato con della carta antiaderente. Cuocere a 150°C per 30 minuti.

PASTA DI FAGIOLI ROSSI
500g di fagioli rossi
550g di zucchero
5g di sale
Bollire I fagioli per tre volte, cambiando sempre l'acqua. La quarta volta fare in modo che i fagioli siano coperti da 5 cm di acqua e cucinare ancora. Eliminare l'acqua e schiacciarli in modo tale che diventino una pasta liscia. Cuocere la pasta ottenuta a fiamma mesia, aggiungendo lo zucchero ed il sale. Il risultato dovrebbe essere compatto e liscio.

PASTA DI RAVIOLI
300g di farina per dolci
200 g di farina di grano duro
5g di sale
60g di burro
5 tuorli
acqua

PASTA FILLO
500g di farina
10g di sale
50g di olio d'oliva
220g di acqua
Setacciare la farina e successivamente aggiungere il sale, l'olio e l'acqua. Fare un impasto consistente e lasciare riposare per 30 minuti. Stendere su carta spessa.

PASTA FRITTA
400g di farina
10g di bicarbonato
10g di sale
60g di zucchero
3 tuorli
3 albumi
30g di olio
350g di latte
Miscelare la farina, il bicarbonato, il sale e lo zucchero con il latte e i tuorli. Per ultimo aggiungere gli albumi montati.

PASTA SFOGLIA AL CIOCCOLATO
1000g di farina per dolci
20g di sale
100g di burro fuso
500g di acqua
500g di burro miscelato a 120g di polvere di cacao

PASTA SFOGLIA ALL'OLIO
Per l'impasto:
1000g di farina
10g di sale
500g d'acqua
80g di olio
Per la chiusura:
500g di farina
250g di olio
Procedere come per la pasta sfoglia. Lasciare tutte e due le miscele a temperatura ambiente per 30 minuti. Dare 3 giri con un intervalli di 15 minuti.

RISO ALL'IMPERATRICE
Cuocere 150g di riso in un litro di latte con 100g di zucchero. Fare una salsa alla vaniglia con 1 1/2 di latte e 350g di zucchero, 15 tuorli e 8 fogli di gelatina. Unire le due miscele e lasciare raffreddare. Incorporare 1 litro di panna montata, 400g di frutta candita mista tritata e 150g di banana secca. Mettere in uno stampo e raffreddare.

SACHER
700g di burro
750g di zucchero
500g di cioccolato fuso
100g di cacao in polvere
32 albumi
1200g farina per dolci
32 albumi
Puï essere aggiunta del bicarbonato per creare una miscela pió leggera.

SALSA AL CARAMELLO DI ARANCIA O MANDARINO
Fare un caramello con 500g di zucchero quindi incorporare 300g di succo d'arancia e 100 g di Gran Marnier. Per la salsa al mandarino, procedere allo stesso modo, utilizzando succo di mandraino e liquore Napoleon al mandarino.

SALSA AL PEPE VERDE
Procedere come per la salsa alla vaniglia e aggiungere 30 grani di pepe verde fresco(prima bolliti in acqua) per litro di latte.

SALSA AL POMPELMO E GENZIANA
1 litro di succo di pompelmo
200g di miele
509g di genziana

SAVARIN
1000g di farina per dolci
25g di sale
70g di zucchero
30g di lievito fresco
10 uova
200g di acqua
300g di burro fuso

SAVOIARDI
Montare a neve:
20 albumi
500g di zucchero
Aggiungere:
20 tuorli sbattuti
Per finire incorporate:
500g di farina per dolci
Cuocere a 230°C

SEMIFREDDO AL CAFFE'
1 litro di sciroppo a 1260 di densitÖ
32 tuorli
1 litro di panna montata
80g di estratto di caffä

SEMIFREDDO AL CIOCCOLATO
Bollire:
1 litro di latte
400g di zucchero
Aggiungere:
750g di zucchero
600g di albumi
Fare stringere e portare ad ebbolizione quindi aggiungere:
1300g di cioccolato amaro
200g di cacao in pasta
200g di panna montata non zuccherata.

SEMIFREDDO ALLA ROSA
Mettere in infusione 50 g di petali di rosa in 0.8 litri di sciroppo a 30°B e filtrare. Cucinare a bagnomaria l'infusione e 32 uova nello sciroppo (fino a totale raffreddamento). Aggiungere 1 litro di panna montata non zuccherata, 150g di liquore alla rosa (Grecia) oppure 24 ml di essenza alla rosa (India).
Attenzione nell'utilizzare l'essenza alle rose, bastano poche gocce per avere un sufficiente aroma.

SEMIFREDDO ALLO SCIROPPO D'ACERO E PINOLI
32 tuorli
1/2 litro di sciroppo a 28°B
1/2 litro di sciroppo d'acero
2000g di panna montata non zuccherata
400g di pinoli
Miscelare i pinoli con lo sciroppo a 30°B e caramellizzare in forno.

SFOGLIATINE DI MANDORLE
100g di burro
100g di zucchero
100g di zucchero di canna
Fare una crema con il burro e lo zucchero. Aggiungere 100g di succo d'arancia. Alla prima miscela aggiungere 70g di farina setacciata.Miscelare e aggiungere 150g di mandorle a fette. Cuocere in forno a 200°C

SORBETTI
Sciroppo base
1 litro di acqua
700g di zucchero
250g di glucosio
Indurente

SORBETTO AL BERGAMOTTO
1 litro di acqua
500g di zucchero
8 foglie di bergamotto
Portare a densitÖ 17¯B

SORBETTO AL LIME
1 litro di succo di lime
4 litri di sciroppo base
Rettificare e portare a 17¯B di densitÖ

SORBETTO AL RABARBARO, LAMPONI, KIWI, KALAMANSI O MORE
1 litro di polpa
1,5 di sciroppo base
Rettificare e portare a 17¯B di densitÖ

SORBETTO AL TAMARINDO FRESCO
Bollire :
900g di acqua
Incorporare:
1000g di tamarindo ancora acerbo e cuocerlo finchÇ ä scottato. Miscelare e filtrare. Aggiungere 1,3 litri di sciroppo base. Portare a densitÖ 17°B. Il colore del sorbetto deve essere leggermente marrone o verde pallido dipende da quanto ä maturo il frutto.

SORBETTO AL TÄ VERDE
1 litro di latte
12 tuorli
100g di zucchero
2,5 litri di acqua
1000g di zucchero
50g di tä verde
Fare separatamente una salsa alla vaniglia ed una di sorbetto miscelata all' infusione del tä (massimo 5 minuti). Realizzare una miscela finale con tutti gli ingredienti e metterla a gelare nella macchine per gelati.

SORBETTO ALLA CHERRY BIRRA
1 litro di birra
1 litro di sciroppo base
Rettificare e portare a 14¯B di densitÖ

SORBETTO DI ANANAS, LITCHI, MELE CUSTARD, FRAGOLE DI BOSCO E ALBICOCCHE
1 litro di polpa
1 litro di sciroppo base
Rettificare e portare a 17¯B di densitÖ

SORBETTO DI MANDARINO, MANGOSTENO O MELA VERDE
1litro di polpa
0,7 di sciroppo base
Rettificare e portare a 17¯B di densitÖ

SORBETTO DI POMPELMO ROSA, FRUTTO DELLA PASSIONE, O ZALACCA
1 litro di polpa
2 litri di sciroppo base
Rettificare e portare a 17¯B di densitÖ

SORBETTO DI TAMARINDO ACERBO
100g di pasta di tamarindo acerbo
1 litro di sciroppo a 18°B
Mettere in infusione il tamarindo per 5 minuti prima di filtrare.

SORPRESA TULIPANO
250g di burro
500g di zucchero a velo
14 albumi
250g di farina

SOUFFLE ALLA CREMA DI LIME
200g di succo di lime
300g di panna fresca
12 albumi
120g di zucchero
50g di farina
5 fogli di gelatina
8 albumi montati
300g di zucchero
Procedere come per la crema pasticcera e aggiungere immediatamente la meringa all'italiana calda e versare in uno stampo imburrato.

SOUFFLE GELATO AI RIBES ROSSO O ALL'UVA SPINA
Fare una meringa all'italiana con:
16 albumi
1000g di zucchero
Incorporate:
1000g di puräe di frutta
1000g di panna montata

SOUFFLE GELATO ALL'ANANAS
Fare una meringa all'italiana con 8 albumi e 500 g di zucchero.
Successivamente aggiungere:
1000g di purÇe gelato concentrato all'ananas
100g di rum bianco
1000g di panna montata non zuccherata

SOUFFLE GHIACCIATO ALLA MELA VERDE
1 litro di purÇe alla mela verde
400g di formaggio fresco con 0% di grassi
20g di panna montata non zuccherata
300g di meringa all'italiana (140g di albume, 170g di zucchero)

TARTUFI AL CAFFE'
1 litro di panna fresca
150g di cacao in pasta
500g di cioccolato amaro
650g di cioccolato al caffä
500g di cioccolato per decorare
150g di cacao in polvere

TARTUFI AL TE'
100 g di tÇ cinese nero
260g di acqua
1500g di panna fresca
400g di glucosio
250g di burro
2800g di cioccolato amaro
1000g di cioccolato nero per decorare
350g di cacao in polvere

TARTUFI DI CIOCCOLATO AMARO
1litro di panna da montare fresca
300g di glucosio
160g di burro
2000g di cioccolato amaro
800g di cioccolato per rivestire
250g di cacao in polvere

TERRINA DI AVOCADO
1000g di avocado
Succo di un limone
200g di miele
6 fogli di gelatina
500g di panna montata non zuccherata

TERRINA DI PRUGNE
0.75 litri di vino porto
10 fogli di gelatina
100g di zucchero
1600g di prugne lessate e snocciolate
150g di pinoli
far bollire il vino, lo zucchero e le prugne per circa 5 minuti. Aggiungere la gelatina e I pinoli qundi versare in uno stampo. E' preferibile preparare la terrina un giorno prima avendo bisogno di tanto tempo di riposo.

TORRONE DI MONTELIMAR
Tostare in forno 400 g di nocciole con 400g di mandorle. Aggiungere 200g di pistacchi. Cucinare 500g di miele e 100g di glucosio a 125˚C. Nello stesso tempo cucinare 1000g di zucchero e 150g di glucosio a 160˚C. Unire il tutto agli 8 albumi montati a neve, ed aggiungere la frutta secca. Quindi velocemente arrotolare la massa utilizzando della carta siliconata, tagliare prima che si raffreddi.

TORTA AL FORMAGGIO MARBRE
3500g di crema di formaggio
800g di zucchero a velo
15 uova
800g di cioccolato
500g di zucchero a velo
Fare una crema con il formaggio e lo zucchero, incorporare delicatamente le uova e dividere in due la miscela ottenuta. In una aggiungere il cioccolato fuso e 500g di zucchero. Riempire uno stampo per metÖ con la miscela al cioccolato e la rimanente metÖ con gli albumi montati,marmorizzando con la tasca da pasticcere. Cuocere in forno a bagnomaria a 210°C.

TORTA ALLA CAROTA
500g di burro
900g di miele
2000g di carote grattuggiate
300g di datteri rossi tritati
1800g di farina
50g di bicarbonato
10 uova
1,1 litri di latte
0,5 di succo d'arancia

Fondere il burro ed aggiungere le uova sbattute, il miele, il latte ed il succo d'arancia, quindi aggiungere il mix setacciato composto da farina e bicarbonato e finire con le carote ed i datteri. Cuocere in forno a 220°C.

TORTA ALLE NOCI
500g di burro
750g di zucchero
13 uova
10g di sale
750g di noci
15g di bicarbonato
200g di farina
65g di rum scuro
Fare una crema con il burro, lo zucchero ed il sale, gradualmente aggiungere le uova. Setacciare la farina ed il bicarbonato insieme, quindi aggiungerlo alla prima miscela composta dalle noci tritate e rum. Riempire i 2/3 di uno stampo e cuocere in forno per 30 minuti a 200°C

TORTA DI BANANA
500g di burro
900g di zucchero
10g di sale
10 uova
1000g di farina
30g di bicarbonato
1500g di banane
100g di olio
500g di noci brasiliane
Fare una crema con il burro e lo zucchero, gradualmente incorporate le uova quindi, la farina, il sale ed il bicarbonato setacciati insieme. Per ultimo l'olio, le banane sbucciate e le noci brasiliane. Cucinate in forno a 190°C.

TORTA OPERA
Ricoprire uno strato di biscotto giocondo con una copertura di cioccolato nero. Lasciare raffreddare.Capovolgere lo strato e metterlo in una teglia rettangolare cm 40x65x2.5. Imbibire questo strato ed i successivi con 1/2 litro di sciroppo al caffä. Guarnire con 600g di crema di burro al caffè. Aggiungere il secondo strato imbevuto. Guarnire con 600g di ganache. Disporre l'ultimo strato di biscotto imbevuto e guarnire con la crema di burro al caffè. Lasciare raffreddare. Successivamente glassare con la copertura alla Torta Opera.

TORTA SVIZZERA AL FORMAGGIO
Miscelare:
110g di burro ammorbidito
5 tuorli
Cuocere a bagnomaria a 50˚C:
375g di latte
300g di formaggio molle tipo "Philadelphia"
Aggiungere a questa miscela:
50g di farina
25g di maizena
10g di julienne di buccia d'arancia
Quindi aggiungere:
I tuorli miscelati con il burro. Finire con 9 albumi montati con 200g di zucchero. Cuocere in forno a bagnomaria a 200°C senza vapore.
Si puï usare questa preparazione per fare un soufflÇ caldo al formaggio, in questo caso si cuocerÖ in forno a 230-240°C

VENTAGLIO DI CREMA PASTICCERA
Disporre un sottile strato di crema pasticcera calda su un foglio imburrato.Cuocere a forno caldo.
Tagliare e piegare nello stesso tempo con l'aiuto di una spatola.
Tenere in una scatola con gel di silice.

WAFER
1000g di farina
500g di burro
150g di mandorle in polvere
400g di zucchero a velo
6 uova
Procedere come per la pasta frolla. Stendere un sottile strato su un foglio di carta oleato e guarnire a griglia con la ghiaccia reale.Tagliare e infornare a temperatura media.

YOGURT
Fare bollire insieme:
1 litro di latte
50g di latte in polvere

Aggiungere i fermenti a 32°C (seguire le istruzioni) o aggiungere 50g di yogurt giÖ pronto. Tenere al caldo fino a che diventa denso quindi tenere al fresco. Quando lo servite, se lo desiderate, potete aggiungere della panna.

ZABAIONE DI CREMA ALLO CHAMPAGNE
20Og di champagne
12 tuorli
100g di zucchero
200g di panna fresca

ZUCCHERO SOFFIATO
1000G di zucchero
400g di acqua
400g di glucosio
cucinare a 148°C

ZUCCHERO TIRATO
1000g di zucchero
400g di acqua
400g di glucosio
16 gocce di acido citrico (1/2 volume di acido citrico e 1/2 volume di acqua calda)
Cucinare a 156-157°C

ZUPPA DI MORE E TAPIOCA
500g di tapioca
2.5 litri d'acqua
1000g di zuchero
1000d di polpa di more
Fare bollire in acqua il Tapioca. Rimuoverlo quando ä del tutto cotto. Aggiungere lo zucchero e la polpa. Fargli fare mezzo ciclo di gelatiera.

ZUPPA DI VINO AGLI AGRUMI E DI CASSIS
1 litro di vino Burgundy
50g di ribes neri o 100 g di crema di Cassis
2 fette di arancia
1/2 lime
2 spicchi d'aglio
150g di zucchero
100g di succo d'arancia

Index

PLATE DESSERTS

Almond and Green Pepper Brownie	147
Anise Baba	118
Apple Doily	50
Asia Flavour	90
Assorted Small Soufflés	86
Avocado Terrine	104
Baked Alaska	125
Baklava	23
Banana Concorde Cake	95
Banana Skewers	153
Berries and Fresh Cheese Mousse	163
Black Forest	40
Black Poppy Seed Soufflé	91
Blancmange	43
Carrot Cake	98
Cartoon Fantasy	160
Charlotte d'Agen	77
Cheese Cake Duo	157
Chilled Blackberry and Tapioca Soup	119
Chocolate Feuillant	23
Chocolate Mousse Trio	107
Chocolate Parfait and Iced Physalis Mousse	78
Coconut Soufflé	109
Coffee Parfait	111
Colombier	42
Crispy Strawberries Feuillantine	116
Cup of Tea	151
Day and Night	21
Dora Yaki	29
The Durian "King of Asia"	48
Empress Rice with Pink Banana	69
Farandole of Desserts	167
Fresh Fig Soup	108
Fresh From the Forest	71
Frest Fruit Mousseline Terrine	69
From Paris to Bangkok	83
Frou-Frou	32
Galangal Pineapple "Aumoniere"	164
Gooseberry and Redcurrant Soufflé	27
Grandmother's Gratinated Fruits	18
Great Wall of China	105
Green Apple Crown	60
Guava Wontons	38
Halvas	147
Honey Eggs in Papaya Egg Cups	137
Honey and Walnut Icecream In Tulipan	101
Hong Kong Steam Pot	17
Iced Green Apple Soufflé	81
Iced Meringue Cake	143
Iced Nougat with Bee Pollen	135
Iced Pineapple Soufflé	126
Imperial Jujube Tart	39
Irish Mousse	155
Krick and Cherries Gratinated Sabayon	156
Layered crispy Nougatine	121
Lime Cream Soufflé	137
Liquorice and Apricot Ravioli	124
Lovers' Dessert	58
Mandarin Pancakes Chaud-Froid	57
Mango and Glutinous Rice	162
Maple and Pine Kernel Parfait	163
Mangosteen Charlotte	33
Marble Cheese Cake	68
Mirabelle Plums and Greengage "Clafoutis"	136
Mirabelle Whirl	115
Mixed Spices Bavarian	114
Napoleon Mousse	129
Old Souvenirs	132
Opéra Cake	30
Oven-Baked Custard	146
Panforte Casereccio	99
Pavlova	61
Peach Mignon	89
Peanut Delight	94
Pear and Blackcurrant Mousse	37
Pear Grenoble	47
Pear Puff Pastry	119
Pistachio Profiteroles	87
Poached Pears Soup in Citrus and Blackcurrant Wine	60
Pineapple "Cristallines"	32
Pink Grapefruit and Champagne Bavaroise	67
Planteur Mousse	139
Provence Delight	63
Prune Pancake Soufflés	152
Prun and Pine Kernel Terrine on Pistachio Sabayon	53
Pumpkin Tart	142
Raspberry and Chocolate Puff Pastry	70
Raspberry Summer Pudding	96
Red Gooseberry Puff Pasty	133
Rhubarb Mille - Feuilles in Fillo Dough	19
Sacher	39
Sago and Fruit Chartreuse	
Sauternes Fruit Terrine	145
Sherbet Trilogy	28
Spiked Cocoa	95
Surprise	51
Sushi Plate	22
Timbale of Coconut and Raspberry	73
Tiramisu	80
Walnut Cake	152

PETITS FOURS DISPLAY

Cartoon Display	160
Cornucopia	30
Drum	135
Far East Delight	164
Golden Cup	48
Harmonium	40
Krathong	126
Lincoln Hat	96
The Little Chef	116
Majestic	58
The Pinnacle of Pleasure	107
Steam Pot	151
Sweet Box	21
Wheelbarrow	78

FRUIT CARVING

The Apprentice	130
Ben Hur	141
Cinderella in the Sonde Isles	103
Elegance	44
First Class	55
Moonlight Vision	74
Paradise Island	84
Samourai	113
Trio	24
Vision Delight	159

ICE CARVING

Andaman Delight	140
Angel Chalice	149
Back from the Market	64
Eternal Spring	122
Midnight Sun	85
Morning Haze	112
Neptune's Crown	93
Sherbet Flow	54
Swan Lake	25
Winter	34

BREAD

Bacon or Onion Bread	194
Brie or Italian Bread	195
Country Bread	193
French Bread	188
French "Poolish" Bread	189
Grissini	181
Lawosh Bread	196
Poppy Seed, Sesame or Salt Bread	195
Rye Bread	192
Soft Roll	191
Walnut Bread	193
Whole Bread	193

FRUITS

Avocado	178
Breadfruit	175
Custard Apple	174
Carambola	184
Coconut	183
Durian	177
Garsluria	176
Guava	179
Jackfruit	183
Java Apple	180
Jujube	181
Langsat-Longkong	184
Lime or Kaffir Lime	182
Longan	181
Lychee	173
Mango	178
Mangosteen	175
Papaya	174
Persimmon	185
Pomegranate	182
Pomelo	172
Rambutan	176
Santol	179
Sapodilla	181
Tamarind	173
Watermelon	172
Zalacca	177

Index

TELLER-DESSERTS

Ananas-Kristall	32
Anis-Baba	118
Apfel-Spitzendecke	50
Aprikosen-Ravioli mit Lakritze	124
Ahorn- und Pinienkernen-Parfait	163
Asien-Aroma	90
Avocado-Terrine	104
Baklava	23
Bananenkuchen Concorde	95
Bananenspiesschen	153
Bavarois mit rosa Grapefruit und Champagner	67
Beeren- und Frischkäse-Mousse	163
Birne im Blätterteig	119
Birnen- und Cassis-Mousse	37
Birne Grenobler Art	47
Birnen im heissen Zitronen-Cassis-Wein	60
Blancmanger	43
Brownies mit Mandeln und grünem Pfeffer	147
Charlotte d'Agen	77
Clafoutis	136
Colombier	42
Dessert-Farandole	167
Dessert für Verliebte	58
Die grosse chinesische Mauer	105
Die grosse Oper	30
Die Welt des Trickfilms	160
Dora Yaki	29
Dörrpflaumen-Terrine	53
Durian - König aus Asien	48
Eine Tasse Tee	151
Eis-Soufflé mit grünen Äpfeln	81
Engelskelch	
Erdnuss-Traum	94
Frische Feigensuppe	108
Frou-Frou	32
Gebrannte Creme	146
Geeistes Ananas-Soufflé	126
Geeiste Meringue	143
Geeister Nougat	135
Geeiste Suppe mit Tapioka und Brombeeren	119
Gefülltes Knusper-Nougat	121
Gewürz-Bavarois	114
Grossmutters gratinierte Früchte	18
Guaven-Wontons	38
Halvas	147
Heimatliche Erinnerungen Himbeeren in Schokolade-Blätterteig	132 70
Hong Kong Dampfkorb	17
Honigeier in Papayabecher	137
Honig-Walnuss-Eis auf Hippe	101
Irische Mousse	155
Jujube-Kaisertörtchen	39
Kaffee-Parfait	111
Kakao mit Stacheln	95
Karotten-Kuchen	98
Käsekuchen-Duo	157
Kirschen-Krick-Gratin	156
Knusprige Erdbeer-Feuillantine	116
Kokosnuss- und Himbeer-Timbale	73
Kokosnuss-Soufflé	109
Köstlichkeit aus der Provence	63
Krone mit grünen Äpfeln	60
Kürbiskuchen	142
Limonencreme-Soufflé	137
Mandarinen-Pfannkuchen heiss-kalt	57
Mango mit Klebreis	162
Mangostanen-Charlotte	33
Marmor-Käsekuchen	68
Meringue-Auflauf	125
Mirabellen-Waffel	115
Mohnsamen-Soufflé	91
Napoleon-Mousse	129
Obstterrine mit Sauternes	145
Opfersäcklein mit Galangal-Ananas	164
Panforte Casereccio	99
Pavlova	61
Pfannkuchen-Soufflé	152
Pfirsich Mignon	89
Pflanzer-Mousse	139
Pistazien-Profiteroles	87
Reis Kaiserinart	69
Rhabarber-Cremeschnitte	19
Rote Stachelbeeren auf Blätterteig	133
Sacher-Törtchen	39
Sago-Obst-Chartreuse	
Schokoladen-Feuillant	23
Schokoladenmousse-Trio	107
Schokoladen-Parfait mit geeister Physalis-Mousse	78
Schwarzwälder	40
Sommerpudding mit Himbeere	96
Sorbet-Trilogie	28
Soufflé-Glacé mit roten Johannisbeeren und Stachelbeeren	27
Sushi-Obstteller	22
Tag und Nacht	21
Terrine mit Obst-Mousseline	69
Tiramisu	81
Überraschung	51
Von Paris nach Bangkok	83
Waldfrische	71
Walnuss-Törtchen	152

PETITS FOURS

Asiatischer Traum	164
Bonbonnière	21
Dampfkorb	151
Der kleine Chef	116
Der Majestätische	58
Füllhorn	30
Goldkelch	48
Harmonium	40
Hauch von Luxus	
Höhepunkt des Vergnügens	107
Krathong	126
Lincolns Zuckerhut	96
Schubkarren	78
Trickfilm	160
Trommel	135

OBSTSKULPTUREN

Aschenputtel aus den Sonden-Inseln	103
Augenschmaus	159
Ben Hur	141
Das Trio	24
Eleganz	44
Hauch von Luxus	55
Inseltraum	84
Lehrstück	130
Mondschein-Vision	74
Samurai	113

EIS-SKULPTUREN

Andaman-Traum	140
Engelskelch	149
Ewiger Frühling	122
Fülle	54
Mitternachtssonne	85
Morgendlicher Dunst	112
Neptuns Krone	93
Schwanensee	25
Winter	34
Zurück vom Markt	64

BROT

Brie- oder italienisches Brot	195
Französisches Brot	188
Französische Hohlbrote	
Französische Spezialbrote	190
Landbrot	193
Lawosh-Brot	196
Mohnsamen-, Sesam- oder Mehrsalz-Brötchen	196
Nussbrot	193
Roggenbrot	192
Speck- oder Zwiebelbrot	194
Vollkornbrot	193
Weiche Brötchen	191

FRÜCHTE

Avocado	178
Brotfrucht	175
Durian	177
Garsluria	176
Granatapfel	183
Guave	180
Jackfrucht	184
Java-Apfel	180
Jujube	181
Kaki	185
Karambole	184
Kokosnuss	183
Langsat - Longkong	184
Limette oder Kaffir-Limette	182
Litschi	173
Longane	181
Mango	178
Mangostane	175
Papaya	174
Pomelo	172
Rambutan	177
Salak	177
Santol	179
Sapodilla	181
Stachelannone	174
Tamarinde	173
Wassermelone	172

Indice

DOLCI AL PIATTO

Armonia alla Banana	95
Armonia di Ananas al Galanga	164
Assortimento di piccoli Soufflé	86
Baba all'Anice	118
Baklava	23
Bavarese al Pompelmo Rosa e Vinacce Di Champagne	67
Bavarese alle spezie	114
Bianco mangiare	43
Brownie con mandorle e pepe verde	147
Caldo-Freddo di Crepes al Mandarino	57
Centrino di Mela	50
Charlotte D'Agen	77
Charlotte di Mangostano	33
Chartreuse di Frutta al Sago	
Ciliegie Gratinate alla Krick	156
Claufoutis alle Prugne Mirabelle e Susine Verdi	136
Corona di Mela Verde	
Crème Brulée	146
Crêpes Souflèe alle prugne	152
Cristalli di Ananas	32
Croccante al Torrone	121
Crostata di Zucca	142
Crostata Imperiale alle Giuggiole	39
Da Parigi a Bangkok	83
Delizia alla Grande Muraglia	105
Delizia alle Arachidi	94
Dolce di Hong Kong	17
Dora Yaki	29
Duo di Torta al Formaggio	157
Farandola di Dessert	167
Feuillant al Cioccolato	23
Foresta Nera	40
Frittata Norvegese	
Frou-Frou	32
Frutta Gratinata della Nonna	18
Gelato di Provenza	63
Gelato di Torrone al Polline d'Ape	135
Halvas	147
Igloo Infornato	125
Il Duriano-Re dell'Asia	48
Il Giorno e la Notte	21
Il mondo dell' Immaginazione	160
Il Sottobosco	71
La Colombaia	42
La Grande Opera	30
La Sorpresa	51
Mango e Riso Glutinato	162
Meringa Gelata	143
Millefoglie al Rabarbaro in Pasta Fillo	19
Mousse al formaggio bianco e frutti rossi	163
Mousse Fredda all'Alchechengi e semifreddo Al cioccolato	78
Mousse Irlandese	155
Mousse di Napoleone	129
Mousse Planteur	139
Mousseline di Frutta Fresca	69
Panforte Casereccio	99
Pasta sfoglia al Cioccolato e Fragole	70
Pavlova	61
Pera alla Grenoble	47
Pera con Mousse di Ribes	37
Pesca Mignon	89
Porcospino	95
Profiteroles al Pistacchio	87
Pudding Estivo ai lamponi	96
Ravioli con Albicocca e liquirizia	124
Ripieno d'Asia	90
Riso Imperatrice alla Banana Rosa	69
Semifreddo al caffè	111
Semifreddo alla Rosa	58
Semifreddo di Acero ai pinoli	163
Sfoglia di Uva Rossa	133
Sfogliatina croccante alle Fragole	116
Sfogliatina di Pera	119
Soufflé al Cocco	109
Soufflé di Crema al Limone Verde	137
Soufflé di Semi di Papavero	91
Soufflé di Uva Spina e Ribes	27
Soufflé Gelato all'Ananas	126
Soufflé Ghiacciato alla mela verde	81
Spiedini di Banana	153
Sushi di Frutta	22
Tazza di tè	151
Terrina di Avocado	104
Terrina di frutta al Sauternes	145
Terrina di Prugne Secche con Pinoli e Zabaione di Pistacchio	53
Timballo di Cocco e Lamponi	73
Tiramisu	80
Torta al Formaggio Marbré	68
Torta di Carota	98
Torta alle Noci	152
Torta Sacher	39
Trilogia di Sorbetti	28
Trio di Mousse al cioccolato	105
Tulipano con gelato di miele e noci	101
Uova al Miele in Cestini di Papaya	137
Vecchio Souvenir	132
Wafer di Stagione	115
Wontons con purée di Guava	38
Zuppa di Fichi Freschi	108
Zuppa di Pere in Vino di Agrumi e Ribes Neri	60
Zuppa Gelata di Tapioca e More	119

PETITS FOURS

Armonium	40
Bomboniera	21
Coppa d'Oro	48
Cornucopia	30
Dolcezze d'Asia	164
Il Maestoso	58
Il Mondo Animato	160
Il Piacere del palato	107
Il Piccolo Chef	116
Il Tamburo	135
Kratong	126
L'America	96
La Carriola	78
Steam Pot	151

LE SCULTURE DI FRUTTA

Ben Hur	141
Cenerentola alle Isole della Sonda	103
Dolcezza dall'Isola	84
Eleganza	44
Il Piacere degli occhi	159
Il Trio	24
L'Apprendista	130
Prima Classe	55
Samurai	113
Visione Lunare	74

LE SCULTURE DI GHIACCIO

Calice degli Angeli	149
Delizia d'Andaman	140
Il Lago dei Cigni	25
Il Sole a mezzanotte	85
L'Abbondanza	54
L'Inverno	34
La Corona di nettuno	93
Primavera Eterna	122
Ritorno dal Mercato	64
Rugiada mattutina	112

IL PANE

Grissini	191
Pan Brioche	191
Pane ai Semi di Papavero, Sesamo o Sale Marino	196
Pane al lardo o alla Cipolla	194
Pane alle noci	194
Pane Brie o all'Italiana	195
Pane Casareccio	193
Pane di Segale	192
Pane Francese	188
Pane Integrale	193
Pane Lawosh	196
Specialità Francesi: Poolish	190

FRUTTI

Anguria	172
Avocado	178
Cachi	185
Carambola	184
Cocco	183
Duriano	178
Frutto del pane	175
Garsluria	176
Giuggiole	181
Guava	180
Jackfruit	184
Langstan-Longkong	184
Lime o Kaffir Lime	182
Litchi	173
Longane	181
Mango	179
Mangosteno	175
Mela Custard	174
Mela Java	180
Melograno	183
Papaia	174
Pomelo	172
Rambutan	177
Santol	179
Sapotille	182
Tamarindo	173
Zalacca	177

The ABC of vegetable and fruit carving
A small reference book for all those who wish to achieve an optimal effect with minimal effort !

Art Nr 92652   ISBN 3-9522048-3-8

ABC des Gemüse- und Früchteschnitzens
Ein kleines Nachschlagewerk für alle, die mit wenig Aufwand optimale Wirkung erreichen möchten !

Art Nr 92652   ISBN 3-9522048-3-8

L'ABC dell'intaglio della verdura e della frutta
Un piccolo libro di consultazione per tutti coloro che desiderano ottenere un effetto ottimale con poco sforzo

Art Nr 92652   ISBN 3-9522048-3-8

The complete manual - Cutting and carving fruit
by Xiang Wang is organized into lessons according to the type of fruit. In 206 pages, it describes how fruit can be
decoratively cut and be carved into small works of art
Art Nr 92651   ISBN 3-9522048-0-3

Das grosse Lehrbuch Früchte schneiden und schnitzen
von Xiang Wang ist in Lektionen nach Früchten aufgegliedert. Auf 206 Seiten wird vermittelt, wie Früchte dekorativ aufgeschnitten und zu Kunstwerken geschnitzt
werden können.
Art Nr 92651   ISBN 3-9522048-0-3

Il libro per imparare a tagliare e intarsiare i frutti
di Xiang Wang è suddiviso in lezioni secondo i frutti. Su 206 pagine si apprende come riuscire a tagliare i frutti in modo decorativo e farne capolavori di intaglio.
No art. 92651   ISBN 3-9522048-0-3

Awarded by the German Academy of Gastronomy
Silver medal 2001 !

Ausgezeichnet von der Deutschen Akademie mit der
Silbermedaille 2001 !

assegnata dall'Accademia Tedesca di Gastronomia !
Medaglia d'argento 2001

Das grosse Lehrbuch der Gemüse- und Früchteschnitzerei

von Wang Xiang zeigt auf 200 Seiten, in 26 Lektionen wahre Kunstwerke, die jedes Büffet
verschönern!
Art Nr 92650   ISBN 3-9522048-1-1

The complete manual to vegetable and fruit carving

In 26 lessons on 200 pages, Xiang Wang demonstrates real pieces of art that will enrich any buffet !

Art Nr 92650   ISBN 3-9522048-1-1

Il grande libro per apprendere l'intaglio della verdura e della frutta

di Xiang Wang mostra su 200 pagine in 26 lezioni veri capolavori, capaci di abbellire qualsiasi buffet !

No art. 92650   ISBN 3-9522048-1-1

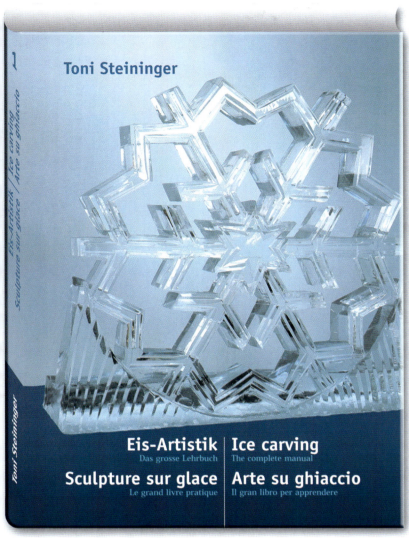

Ice carving, the complete textbook
by Toni Steininger that contains 23 different sculpture subjects. Their realization is easily followed through 190 step-by-step illustrations. The complete theory of ice carving and 26 subjects templates are included.

No art. 92630   ISBN 3-9522048-4-6

Eis-Artistik, das grosse Lehrbuch
von Toni Steininger mit 23 verschiedenen Skulpturen. Einfach nachvollziehbar, in 190 Schritt-für-Schritt Abbildungen erklärt. 36 Sujetvorschläge und die komplette Theorie über das Eisschnitzen

Nr Art. 92630   ISBN 3-9522048-4-6

Arte su ghiaccio, il grande libro
Di Toni Steininger sull'arte decorativa con il ghiaccio, con 23 diverse sculture. Di facile comprensione e spiegato passo per passo con 190 immagini. Con 36 idee per soggetti e la teoria completa della scultura del ghiaccio

No art. 92630   ISBN 3-9522048-4-6

Art on Food + Ice AG
Kirchrainstr.27 CH-6044 Udligenswil-Luzern Switzerland   Telefon : (41-41) 375 02 20 Telefax : (41-41) 375 02 22
E-mail : info@artonfood.com   www.artonfood.com